Juste quelques indications :

Généralement, ***il faut seulement lire le texte Allemand !***
En cas d'incompréhension, on peut sauter à la ligne en bas.
Ne pas lire tout le texte traduit.

Les mots soulignés en pointillés sont des expressions.

Les symboles 1... et ...1 indiquent les particules de mots séparables.

Le texte entre des parenthèses carrées [ ] indique un commentaire du traducteur.

Comme un mot peut avoir plusieurs significations,
on observe la règle suivante:
la signification qui est donnée est celle que le mot a
dans le contexte donné.

En général on a privilégié le côté pratique par rapport à l'exactitude scientifique.

Johann Peter Hebel / Isabelle Schweitzer :
Der listige Kaufmann / Le marchand rusé
Lecture bilingue, Allemand / Français
Traduit mot à mot –
chaque mot individuellement –
sur une ligne intermédiaire insérée
Édition France

Traductrice : Isabelle Schweitzer
Ouvrage dirigé par Harald Holder
Les textes ont été légèrement adaptés
à l'usage linguistique actuel (par Harald Holder).

Éditeur : Books on Demand GmbH
12/14 rond point des Champs Élysées
75008 Paris, France
Impression et reliure :
Books on Demand GmbH, Norderstedt, Allemagne
1er tirage 09/2013

ISBN : 978 – 2 – 322 – 03261 – 7

Copyright 2013 Éditions Harald Holder
Georgenstr. 45, 86152 Augsburg, Germany

Dépôt légal : 09/2013

Tous les droits (également impression partielle, reproduction partielle ou complète, enregistrement sur des installations de traitement de données, traduction) sont réservés.

www.holder-augsburg-zweisprachig.de

Loi n°49-956 du 16 juillet 1946 sur les publications destinées à la jeunesse

Der listige Kaufmann 4
Le   rusé   marchand

Das schlaue Mädchen 5
La   intelligente   fillette

Der Fremde in Memel 7
Le   étranger   dans   Memel

Der geheilte Patient 9
Le   guéri   patient

Der große Schwimmer 13
Le   grand   nageur

Der Zundelheiner und der Brassenheimer Müller 17
Le   Zundelheiner   et   le   de Brassenheim   meunier

Der listige Quäker 21
Le   rusé   Quaker

Der schlaue Soldat 23
Le   intelligent   soldat

Der sicherste Weg 25
Le   plus sûr   chemin

Der silberne Löffel 26
La   argentée   cuillère

Der unschuldig Gehenkte 28
Le   innocent   pendu

Der Wasserträger 30
Le   porteur d'eau

Der Zahnarzt 32
Le   dentiste

Die Probe 36
Le   essai

Franziska 40
Francisca

Mittel gegen Zank und Schläge 46
Moyen   contre   disputes   et   coups

Mohammed 48
Mohammed

Moses Mendelssohn 50
Moses   Mendelssohn

Rettung vor dem Galgen 51
Sauvetage   de   la   potence

Seltene Liebe 53
Rare   amour

Seltsame Ehescheidung 55
Curieux   divorce

Der listige Kaufmann
Le rusé marchand

Die Wölfe beißen bisweilen auch ein gescheites Hündlein, sagt
Les loups mordent de temps à autre aussi un intelligent petit chien dit
Doktor Luther. Ein französischer Kaufmann segelte mit einem Schiff
Docteur Luther Un français marchand naviguait avec son bateau
voll großen Reichtums aus dem Osten heim, aus dem Morgenland, wo
remplit [de] grandes richesses depuis l' Orient de retour depuis le pays du soleil levant où
unser Glaube, unsere Obstbäume und unser Blut daheim ist, und
notre croyance nos arbres fruitiers et notre sang chez lui est et
daheim ist = être originaire de
dachte schon mit Freuden daran, wie er jetzt bald ein eigenes
pensait déjà avec joie à comment il maintenant bientôt un propre
Schlösslein am Meer bauen, und ruhig leben und alle Abende dreierlei
petit château à la mer construire et tranquillement vivre et toutes les soirées trois sortes
Fische zu Nacht speisen wolle. Paff, geschah ein Schuss! Ein
poisson pour le soir voulait manger Paff arriva un coup de feu Un
algerisches Raubschiff war in der Nähe, wollte uns gefangen nehmen
algérien bateau pirate était dans la proximité voulait nous prisonnier prendre
und geraden Weges nach Algier führen in die Sklaverei. Denn hat man
et directement vers Alger mener dans l' esclavage Car a on
zwischen Wasser und Himmel gute Gelegenheit, Luftschlösser zu
entre eau et ciel bonne occasion, châteaux d'air à
Luftschloss = château en Espagne
bauen, so hat man auch gute Gelegenheit, zu stehlen. So denken die
construire ainsi a on aussi bonne occasion de voler Ainsi pensent les
algerischen Seeräuber auch. Hat das Wasser keine Balken, so hat es
algériens pirates aussi. A l' eau pas [de] poutres ainsi a elle
auch keine Galgen. Zum Glück hatte der Kaufmann einen Kroaten auf
aussi aucune potence. Par chance avait le marchand un Croate sur
dem Schiff, der schon einmal in algerischer Gefangenschaft gewesen
le bateau qui déjà une fois en algérienne captivité était
war und ihre Sprache und ihre Prügel aus dem Fundament verstand.
avait et leur langue et leurs coups du fondement comprit.

Zu dem sagte der Kaufmann: "Nicolo, hast du Lust noch einmal
A celui-ci dit le marchand Nicolo as-tu envie encore une fois
algerisch zu werden? Folge mir, was ich dir sage, so kannst du dich
algérien à devenir Suis moi ce que je te dis ainsi peux tu te
erretten, und uns." Also verbargen wir uns alle im Schiff, dass kein
sauver et nous [aussi] Donc cachions nous nous tous dans le bateau que aucune
Mensch zu sehen war; nur der Kroate stellte sich oben auf das Deck.
personne visible était seulement le Croate posait soi en-haut sur le pont.

Als nun die Seeräuber mit ihren blinkenden Säbeln schon nahe waren
Quand maintenant les pirates avec leurs brillants sabres déjà près étaient
und riefen, die Christenhunde sollten sich ergeben, fing der Kroate mit
et criaient les chiens du Christ devaient se rendre commençait 1... le Croate avec
kläglicher Stimme auf Arabisch an: "Wir sind alle an der Pest
sonore voix en Arabe ...1 Nous sommes tous de la Peste
gestorben, bis auf die Kranken, die noch auf ihr Ende warten, und ein
mort sauf les malades qui encore sur leur fin attendent et un
deutscher Amtsdiener und ich. Um Gottes Willen, rettet mich!" Dem
allemand fonctionnaire et moi. Pour Dieu volonté sauvez - moi Le
algerischen Kapitän, als er hörte, dass er so nah an einem Schiff voll
algérien capitaine lorsqu'il entendait que il si près à un bateau plein
Pest sei, wurde leichenblass. In der größten
peste était devenait pâle comme un mort. Dans la plus grande
Geschwindigkeit hielt er das Taschentuch vor die Nase, hatte aber
vitesse tenait il le mouchoir devant le nez avait mais
keines, sondern den Ärmel; und lenkte sein Schiff hinter den Wind.
aucun seulement la manche et dirigeait son bateau derrière le vent
"Gott helfe dir, der Gnädige und Barmherzige! Aber geh zum Henker
Dieu aide toi le gracieux et miséricordieux Mais va à le bourreau
mit deiner Pest! Ich will dir eine Flasche voll Kräuteressig reichen."
avec ta peste Je veux te une bouteille pleine[de] vinaigre de plantes donner

Darauf ließ er ihm eine Flasche voll Kräuteressig reichen, an einer
Là-dessus laissait il lui une bouteille pleine[de] vinaigre de plantes donner à une
langen Stange, und segelte so schnell wie möglich davon. Also kamen
longue tige et naviguait aussi rapidement que possible plus loin Ainsi venions
wir glücklich aus der Gefahr, und der Kaufherr baute hernach in der
nous heureusement de le danger et le marchand construisit par après dans la
Gegend von Marseille das Schlösslein und stellte den Kroaten als
région de Marseille le petit château et embaucha 1... le Croate comme
Hausmeister an, auf lebenslang.
Concièrge ...1 à vie

Das schlaue Mädchen
La intelligente fillette

In einer großen Stadt hatten viele reiche und vornehme Herren einen
Dans une grande ville avaient beaucoup riches et distingués messieurs un
lustigen Tag. Einer von ihnen dachte: "Könnt ihr heute dem Wirt und
drôle jour Un de eux pensait Pourriez vous aujourd'hui ce patron et

5

den Musikanten wenigstens 1500 Gulden zu verdienen geben, so
ces musiciens au moins 1500 florins à gagner donner ainsi
könnt ihr auch etwas für die liebe Armut beisteuern." Also kam, als
pouvez vous aussi un peu pour la chère pauvreté imposer. Ainsi venait lorsque
die Herren am fröhlichsten waren, ein hübsches und nett gekleidetes
les messieurs le plus joyeux étaient une jolie et sympathique habillée
Mädchen mit einem Teller und bat mit süßen Blicken und liebem
fillette avec une assiette et proposa avec doux regards et aimable
Wort um eine Gabe für die Armen. Jeder gab, der eine weniger, der
mot pour une offrande pour les pauvres. Chacun donna l' un moins l'
andere mehr, je nachdem der Geldbeutel beschaffen war und das
autre plus en fonction de bourse constituée était et le
Herz. Denn kleiner Beutel und enges Herz gibt wenig. Weiter Beutel
coeur. Car petite bourse et étroit coeur donne peu. Large bourse
und großes Herz gibt viel. So ein Herz hatte derjenige, zu welchem
et grand coeur donne beaucoup Ainsi un coeur avait celui auquel
das Mädchen jetzt kommt. Denn als er ihm in die hellen,
la fillette maintenant arrive. Car lorsqu' il elle dans les clairs
schmeichelnden Augen schaute, ging ihm das Herz fast in Liebe auf.
flatteurs yeux regarda ouvrit 1... lui le coeur presque en amour ...1.

Deswegen legte er zwei Louisdor auf den Teller und sagte dem
Pour cette raison posa il deux Louis d'or sur la assiette et dit à la
Mädchen ins Ohr: "Für deine zwei schönen blauen Augen." Das war
fillette dans oreille Pour tes deux beaux bleu yeux. Ceci était
nämlich so gemeint: Weil du, schöne Gutherzige für die Armen, zwei
en effet ainsi pensé Car toi belle généreuse pour les pauvres deux
so schöne Augen hast, so geb' ich den Armen zwei so schöne
si beaux yeux as aussi donne je aux pauvres deux si beaux
Louisdor, sonst würde eine auch reichen. Das schlaue Mädchen aber
Louis d'or sinon pourrait une aussi suffire. La intelligente fillette mais
stellte sich, als wenn es die Sache ganz anders verstünde. Denn weil er
montrait soi comme si elle la chose tout autrement comprenait. Car parcequ' il
sagte: "Für deine zwei schöne Augen" – nahm es ganz züchtig die
disait Pour tes deux beaux yeux prit elle tout chastement les
zwei Louisdor vom Teller weg, steckte sie in den eigenen Sack und
deux Louis d'or de la assiette parti enfonça les dans le propre sac et
sagte mit schmeichelnden Gebärden: "Schönen, herzlichen Dank!
dit avec flatteurs comportements beau chaleureux merci

Aber seid so gut und gebt mir jetzt auch noch etwas für die
Mais soyez si bon et donnez moi maintenant aussi encore quelque chose pour les

6

Armen."
pauvres

Da legte der Herr noch einmal zwei Louisdor auf den Teller, kniff das
Là posa le monsieur encore une fois deux Louis d'or sur la assiette pinça la

Mädchen freundlich in die Backen und sagte: "Du kleiner Schuft!"
fillette gentillement dans les joues et disait Toi petite crapule

Von den andern aber wurde er ganz entsetzlich ausgelacht, und sie
Des autres mais était il tout horriblement moqué et ils

tranken auf des Mädels Gesundheit, und die Musikanten machten
buvaient sur la [génitif] fillette santé et les musiciens faisaient

Wirbel.
remue-ménage.

Der Fremde in Memel
Le étranger dans Memel

Oft sieht die Wahrheit wie eine Lüge aus. Das erfuhr ein Fremder,
Souvent ressemble1... la vérité comme un mensonge ...1 Ceci apprit un étranger

der vor einigen Jahren mit einem Schiff aus Westindien an den Küsten
qui il y a quelques années avec un bateau de Caraïbes à les côtes

der Ostsee ankam. Damals war der russische Kaiser bei dem König
[de] la mer Baltique arriva A l'époque était le russe empereur chez le roi

von Preußen auf Besuch. Beide Monarchen standen in gewöhnlicher
de Prusse en visite Les deux monarques se tenaient en ordinaire

Kleidung, ohne Begleitung, Hand in Hand, als zwei rechte gute
habillement sans accompagnateur main dans la main comme deux très bons

Freunde, beieinander am Ufer. So etwas sieht man
amis ensemble sur la rive Quelque chose comme ça voit on

nicht alle Tage.
pas tous [les] jours

Der Fremde dachte auch nicht daran, sondern ging ganz treuherzig
Le étranger y pensa 1... aussi pas ...1 mais alla 2... tout candide

auf sie zu, meinte, es seien zwei Kaufleute oder andere Herren aus der
vers eux ...2 pensa ce seraient deux commerçants ou autres messieurs de la

Gegend, und fing ein Gespräch mit ihnen an, war begierig,
région et commença 3... une discussion avec eux ...3 était avide

allerlei neues zu hören, das seit seiner Abwesenheit sich zugetragen
toute sorte nouveauté à entendre que depuis son absence se produit

habe. Endlich, da die beiden Monarchen sich leutselig mit ihm
avait Enfin comme les deux monarques se affable avec lui

unterhielten, fand er Veranlassung, den einen auf eine höfliche Art zu
discutaient trouva il instigation l'un sur une poli manière à

fragen, wer er sei. "Ich bin der König von Preußen", sagte der eine.
Das kam nun dem fremden Ankömmling schon ein wenig sonderbar vor. Doch dachte er: Es ist möglich, und machte vor dem Könige ein ehrerbietiges Kompliment. Und das war vernünftig.

In zweifelhaften Dingen muss man immer das Sicherste und Beste wählen und lieber eine Höflichkeit aus Irrtum begehen als eine Grobheit. Als aber der König weiter sprach und auf seinen Begleiter deutete: "Dies ist Seine Majestät der russische Kaiser", da war 's doch dem ehrlichen Mann, als wenn zwei Spaßvögel ihn zum Narren halten wollten, und sagte: "Wenn ihr Herren mit einem ehrlichen Mann euern Spaß haben wollt, so sucht einen andern als mich. Bin ich deswegen aus Westindien hierher gekommen, dass ich euer Narr sei?" – Der Kaiser wollte ihm zwar versichern, dass er tatsächlich derjenige sei. Der Fremde gab jedoch kein Gehör mehr.

"Ein russischer Spaßvogel mögt Ihr sein", sagte er. Als er aber nachher im "Grünen Baum" die Sache erzählte und gegenteiligen Bericht bekam, da kam er ganz demütig wieder, bat fußfällig um Vergebung, und die großmütigen Monarchen verziehen ihm, wie natürlich, und hatten hernach viel Spaß an dem Vorfall.

Der geheilte Patient
<small>Le   guéri   patient</small>

Reiche Leute haben trotz ihres Wohlstandes doch manchmal
<small>Riche[s] personnes ont malgré leur aisance tout de même quelques fois</small>
auch allerlei Lasten und Krankheiten auszustehen, von denen gottlob
<small>aussi toutes sortes charges et maladies [à] supporter desquelles Dieu merci</small>
der arme Mann nichts weiß, denn es gibt Krankheiten, die nicht in der
<small>le pauvre homme rien sait car il existe maladies qui ne dans l'</small>
Luft stecken, sondern in den vollen Schüsseln und Gläsern und in den
<small>air se trouvent mais dans les plein saladiers et verres et dans les</small>
weichen Sesseln und seidenen Betten, wie jener reiche Amsterdamer
<small>moelleux fauteuils et soyeux lits comme ce riche Amsterdamois</small>
ein Wort davon reden kann.
<small>un mot en parler peut</small>

Den ganzen Vormittag saß er im Lehnsessel und rauchte Tabak, wenn
<small>Le tout matin assis il dans le fauteuil et fumait tabac lorsque</small>
er nicht zu faul war, oder sah gelangweilt zum Fenster hinaus,
<small>il pas trop paresseux était ou regardait ennuyé par la fenêtre dehors</small>
aß aber zu Mittag doch wie ein Scheunendrescher, die Nachbarn
<small>mangeait mais à midi quand même comme une moissonneuse-batteuse les voisins</small>
sagten manchmal: "Windet es draußen oder schnauft der Nachbar
<small>disaient quelques fois Vente - il dehors ou respire le voisin</small>
so?" Den ganzen Nachmittag aß und trank er ebenfalls bald etwas
<small>ainsi Tout entier après-midi mangea et buvait il également bientôt quelque chose</small>
Kaltes, bald etwas Warmes, ohne Hunger und ohne Appetit, aus lauter
<small>froid bientôt quelque chose chaud sans faim et sans appétit de rien que</small>
Langeweile bis an den Abend, so daß man bei ihm nie recht sagen
<small>ennui jusque à le soir si bien que on chez lui jamais vraiment dire</small>
konnte, wo das Mittagessen aufhörte und wo das Nachtessen anfing.
<small>pouvait où le déjeuner terminait et où le dîner débutait</small>

Nach dem Nachtessen legte er sich ins Bett und war so müde, als
<small>Après le dîner couchait il se dans le lit et était si fatigué comme</small>
wenn er den ganzen Tag Steine abgeladen oder Holz gespalten hätte.
<small>si il le entier jour cailloux déchargé ou bois fendu avait</small>
Davon bekam er zuletzt einen dicken Leib, der so unbeholfen war wie
<small>De ceci reçut il en dernier un gros corps qui si gauche était comme</small>
ein Sack. Essen und Schlaf wollten ihm nicht mehr schmecken, und er
<small>un sac Manger et dormir voulaient lui ne plus plaire et il</small>
war lange Zeit, wie es manchmal geht, nicht recht gesund und nicht
<small>était long temps comme il quelques fois va ne vraiment en forme et ne</small>

9

recht krank; wenn man aber ihn selber hörte, so hatte er 365
Krankheiten, nämlich alle Tage eine andere.

Alle Ärzte, die in Amsterdam sind, mussten ihm raten. Er verschluckte ganze Eimer voll Mixturen und ganze Schaufeln voll Pulver und Pillen, wie Enteneier so groß, und man nannte ihn zuletzt scherzweise nur die zweibeinige Apotheke. Aber alle Ärzte halfen ihm nichts denn er befolgte nicht, was ihm die Ärzte befahlen, sondern sagte: "Wofür bin ich ein reicher Mann, wenn ich leben soll wie ein Hund, und der Doktor will mich nicht gesund machen für mein Geld?"

Endlich hörte er von einem Arzt, der hundert Stunden weit weg wohnte, der sei so geschickt, dass die Kranken gesund würden, wenn er sie nur recht anschaute, und der Tod ginge ihm aus dem Wege, wo er sich sehen lasse. Zu dem Arzt fasste der Mann ein Zutrauen und schrieb ihm seinen Umstand. Der Arzt merkte bald, was ihm fehlte, nämlich nicht Arznei, sondern Mäßigkeit und Bewegung, und sagte:

"Wart', dich will ich bald kuriert haben!" Deswegen schrieb er ihm ein Brieflein mit folgendem Inhalt:

"Guter Freund, Ihr habt einen schlimmen Umstand, doch man kann Euch helfen, wenn Ihr folgen wollt. Ihr habt ein böses Tier im Bauch, ein Biest mit sieben Mäulern. Mit dem Biest muss ich selber

reden, und Ihr müsst zu mir kommen.
parler et vous devez à moi venir

Aber erstens dürft Ihr nicht fahren oder auf dem Rösslein reiten,
Mais premièrement devez vous pas rouler ou sur le petit cheval monter

sondern zu Fuß gehen, sonst schüttelt Ihr das Biest, und es beißt
mais à pied aller sinon secouer vous la bestiole et elle mord 1...

Euch die Eingeweide ab, sieben Därme auf einmal.
vous les viscères ...1 sept intestins en une fois

Zweitens dürft Ihr nicht mehr essen als zweimal am Tag einen Teller
Deuxièmement devez vous pas plus manger que deux fois par jour une assiette

voll Gemüse, mittags ein Bratwürstlein dazu, und nachts ein Ei, und
pleine légumes [à] midi une saucisse à griller avec et [le] soir un œuf et

am Morgen ein Fleischsüpplein mit Schnittlauch drauf. Was Ihr mehr
le matin une soupe de viande avec ciboulette dessus Ce que vous plus

esst, davon wird nur das Biest größer, so dass es Euch die Leber
mangez de ceci devient seulement la bestiole plus grande ainsi elle vous le foie

zerdrückt, und der Schneider hat Euch nicht mehr viel anzumessen,
écrase et le tailleur a vous ne plus beaucoup mesurer

wohl aber der Schreiner. Dies ist mein Rat, und wenn Ihr mir nicht
mieux mais le menuisier Ceci est mon conseil et si vous me plus

folgt, so hört Ihr im nächsten Frühjahr den Kuckuck nicht mehr
suivez alors entendez vous au prochain printemps le coucou ne plus

schreien. Tut, was Ihr wollt!"
crier Faites ce que vous voulez

Als der Patient so mit sich reden hörte, ließ er sich sogleich am
Lorsque le patient ainsi avec soi parler entendit laissait il se aussitôt au

anderen Morgen die Stiefel einfetten und machte sich auf den Weg,
autre matin les bottes graisser et faisait soi sur le chemin

wie ihm der Doktor befohlen hatte.
comme lui le docteur ordonné avait

Den ersten Tag ging es so langsam, dass eine Schnecke hätte
Le premier jour allait ça si lentement que un escargot aurait

mitgehen können, und wer ihn grüßte, dem dankte er nicht, und wo
aller avec pouvoir et qui le saluait lui remerciait il pas et où

ein Würmlein auf der Erde kroch, das zertrat er. Aber schon am
un petit verre sur la terre rampait ceci piétinait il Mais déjà au

zweiten und am dritten Morgen kam es ihm vor, als wenn die Vögel
deuxième et au troisième matin semblait 1... lui ...1 comme si les oiseaux

schon lange nicht mehr so lieblich gesungen hätten, und der Tau
déjà longtemps plus si joliment chanté avaient et la rosée

schien ihm so frisch und die Kornrosen im Felde so rot, und alle
semblait lui si frais et les coquelicots dans le champ si rouge et tous

11

Leute, die ihm begegneten, sahen so freundlich aus, und er auch.
gens qui lui croisaient semblaient 1... si amable ...1 et lui aussi

Und alle Morgen, wenn er aus der Herberge ging, war's schöner, und
Et tous matins lorsque il de l' auberge sortait c'était plus beau et

er ging leichter und munterer dahin, und als er am achtzehnten Tage
il allait plus léger et plus gai y et lorsque il le dix huitième jour

in der Stadt des Arztes ankam und den anderen Morgen aufstand, war
dans la ville du medicin arriva et le autre matin se levait était

es ihm so wohl, dass er sagte:
ce lui si bien que il dit

"Ich hätte zu keiner ungünstigeren Zeit gesund werden können als
Je aurai à aucun plus défavorable temps guérir devenir pouvoir que

jetzt, wo ich zum Doktor soll".
maintenant où je chez le docteur doit

Als er zum Doktor kam, nahm ihn der Doktor bei der Hand und
Lorsque il chez le docteur arriva prit lui le docteur par la main et

sagte ihm:
disait lui

"jetzt erzählt mir doch noch einmal von Anfang an, was Euch fehlt."
Maintenant racontez moi donc encore une fois depuis le début quoi vous manque

Da sagte er:
Là disait il

"Herr Doktor, mir fehlt gottlob nichts, und wenn Ihr so gesund seid
Monsieur docteur moi manque Dieu merci rien et si vous aussi en forme êtes

wie ich, so soll's mich freuen."
comme moi alors doit il me réjouir

Der Doktor sagte:
Le docteur disait

"Das hat Euch ein guter Geist geraten, dass Ihr meinen Rat befolgt
Ceci a vous un bon génie conseillé que vous mon conseil suivi

habt. Das Biest ist jetzt leblos. Aber Ihr habt noch Eier im Leib,
avez La bestiole est maintenant sans vie Mais vous avez encore oeufs dans le corps

deswegen müsst Ihr wieder zu Fuß heimgehen und daheim viel
pour cette raison devez vous à nouveau à pied rentrer chez vous et à la maison beaucoup

Holz sägen und nicht mehr essen, als Euch der Hunger ermahnt,
bois couper et ne plus manger comme si vous la faim rappelle

damit die Eier nicht ausschlüpfen; so könnt Ihr ein alter Mann
pour que les oeufs ne éclosent ainsi pouvez vous un vieil homme

werden"; und lächelte dazu. Der reiche Fremdling sagte:
devenir et souriait avec Le riche étranger disait

"Herr Doktor, Ihr seid ein guter Freund, und ich versteh Euch wohl",
Monsieur [le] docteur vous êtes un bon ami et je comprends vous bien

und hat nachher den Rat befolgt und 87 Jahre, vier Monate, zehn Tage
et a après le conseil suivi et 87 ans quatre mois dix jours
gelebt, wie ein Fisch im Wasser, so gesund, und hat alle Neujahrstage
vécu comme un poisson dans la eau si en forme et a tous jours du nouvel an
dem Arzt 20 Dublonen zum Gruß geschickt.
au medecin 20 doublons pour salutation[s] envoyé

Der große Schwimmer
Le grand nageur

Vor dem leidigen Krieg, als man noch unangefochten aus Frankreich
Avant la déplaisante guerre lorsque on encore incontestablement depuis France
nach England reisen und in Dover ein Schöpplein trinken oder
vers Angleterre voyager et à Douvres une chopine boire ou
etwas kaufen konnte, ging wöchentlich zweimal ein großes
quelque chose acheter pouvait alla hebdomadairement deux fois un grand
Postschiff von Calais nach Dover durch die Meerenge und
bateau postal de Calais vers Douvres à travers le détroit et
wieder zurück. Denn dort ist das Meer zwischen beiden Ländern nur
à nouveau retour Car là est la mer entre deux pays seulement
wenige Meilen breit. Aber man musste kommen, ehe das Schiff
quelques miles large Mais on devait venir avant que le bâteau
abfuhr, wenn man mitfahren wollte.
partait si on voyager avec voulait

Dies schien ein Franzose aus Gaskonien nicht zu wissen, denn er kam
Ceci semblait un Français de Gascogne ne pas à savoir car il arriva
eine Viertelstunde zu spät, als man schon die Hühner einließ in
un quart d'heure trop tard lorsque on déjà les poules laissa entrer à
Calais, und der Himmel überzog sich mit Wolken. Soll ich jetzt ein
Calais et le ciel chargea se avec nuages Dois je maintenant une
paar Tage hier sitzen bleiben und mich langweilen, bis wieder
paire jours ici assis rester et moi ennuyer jusque à nouveau
eine Gelegenheit kommt? Nein, dachte er, ich gebe einem
une occasion arrive Non pensait il je donne à un
Schiffsmann ein Zwölf-Sous-Stücklein und fahre dem Postschiff nach.
marin une pièce de douze sous et suis 1... le bateau postal ...1
Denn ein kleines Boot fährt schneller als das schwere Postschiff und
Car un petit bateau voyage plus vite que le lourd bateau postal et
holt es wohl ein.
rattrape 1... le vraisemblablement ...1
Als er aber in dem offenen Boot saß – ("wenn ich daran gedacht
Lorsque il mais dans le ouvert bateau assis si je y pensait

13

hätte", sagte der Schiffsmann, " so hätte ich ein Spanntuch
avais   disait   le   marin   ainsi aurais je   une   toile

mitgenommen") – da fing es an zu regnen; aber wie? In kurzer Zeit
emmenée   là débutait 2... il ...2 à pleuvoir mais comment Dans court temps

strömte ein Regenguss aus der hohen Nacht herab, als wenn noch ein
déversait une averse de pluie de la haute nuit de haut comme si encore une

Meer von oben mit dem Meer von unten sich vereinigen wollte. Aber
mer de en haut avec la mer de en-bas se réunir voulait Mais

der Gaskonier dachte: "Das gibt einen Spass." – "Gottlob!" sagte
le Gascon pensa Ceci donne un amusement Dieu merci disait

endlich der Schiffsmann, "ich sehe das Postschiff."
enfin le marin je vois le bateau postal

Als er nun an demselben angelegt hatte, und der Gaskonier war
Lorsque il maintenant au celui-ci accosté avait et le Gascon était

hinaufgeklettert und kam mitten in der Nacht und mitten im Meer
grimpé dessus et arriva au milieu dans la nuit et au milieu dans la mer

plötzlich durch das Türlein herein zu der Reisegesellschaft, die im
subitement à travers la petite porte dedans à la compagnie de voyageurs qui dans le

Schiff saß, wunderte sich jeder, wo er herkomme, so spät, so allein und
bateau assis s'étonnait soi chacun [d']où il venait si tard si seul et

so nass.
si mouillé

Denn in einem solchen Seeschiff sitzt man wie in einem Keller und
Car dans un tel bateau assis on comme dans une cave et

hört vor dem Gespräch von der Gesellschaft, vor dem Geschrei der
entend de la conversation de la compagnie de voyageurs de les cris des

Schiffsleute, vor dem Getöse, vor dem Rauschen der Segel und
marins de le vacarme de le grondement des voiles et

Brausen der Wellen nicht, was draußen vorgeht, und keiner dachte
mugissement des vagues rien quoi dehors se passe et personne pensa

daran, dass es regnete. "Ihr seht ja aus!", sagte einer, "als wenn Ihr
y que il pleuvait Et bien vous avez l'air disait quelqu'un comme si vous

wäret gekielholt, das heißt unter dem Schiff durchgezogen worden."
étiez passé sous la quille ceci signifie sous le bateau traversé étiez

"So? Meint Ihr", sagte der Gaskonier, "man könne trocken
Ainsi pensez vous disait le Gascon on pourrait sec

schwimmen? Wenn das noch einer erfindet, so will ich's auch lernen,
nager Si ceci encore quelqu'un invente alors veux je il aussi connaître

denn ich bin der Bote von Oleron und schwimme alle Montage mit
car je suis le messager de Oleron et nage tous [les] lundi avec

14

Briefen und Bestellungen zum Festland, weil's schneller geht. Aber
jetzt hab' ich etwas in England zu tun. Wenn's erlaubt ist",
fuhr er fort, "so will ich nun vollends mitfahren, weil ich
euch glücklicherweise angetroffen habe.

Es kann den Sternen nach nicht mehr weit sein bis Dover." –
"Landsmann", sagte einer und stieß eine Wolke von Tabaksrauch aus
dem Mund (es war aber kein Landsmann, sondern ein Engländer),
"wenn Ihr von Calais bis hierher geschwommen seid durch das Meer,
so seid Ihr besser als der schwarze Schwimmer in London." – "Ich
gehe keinem aus dem Weg", sagte der Gaskonier. – "Wollt Ihr's mit
ihm versuchen", erwiderte der Engländer, "wenn ich hundert
Louisdor auf Euch setze?" Der Gaskonier sagte: "Einverstanden!"

Reiche Engländer haben den Brauch, auf Leute, die sich in einer
körperlichen Kunst hervortun, große Summen untereinander zu
verwetten; deswegen nahm der Engländer im Schiff den Gaskonier auf
seine Kosten mit sich nach London und bewirtete ihn gut, auf dass er
bei guten Kräften bliebe.

"Mylord", sagte er in London zu einem guten Freund, "ich habe
einen Schwimmer mitgebracht vom Meer. Gilt's hundert Guineen: er
schwimmt besser als Euer Mohr?" Der gute Freund sagte: "Es gilt!"

15

Am nächsten Tag erschienen beide mit ihren Schwimmern auf einem
Le prochain jour apparaissaient tous deux avec leurs nageurs sur un
bestimmten Platz an dem Themse-Fluss, und viele Hundert
précis emplacement au le Tamise fleuve et nombreuses centaines
neugierige Menschen hatten sich versammelt und wetteten noch
curieuses personnes avaient se rassemblé et parièrent encore
extra, der eine auf den Mohren, der andere auf den Gaskonier, einen
en plus le un sur le nègre le autre sur le Gascon un
Schilling, sechs Schilling; eine, zwei, fünf, zehn, zwanzig Guineen,
schilling six schilling un deux cinq dix vingt guinés
und der Mohr hielt nicht viel von dem Gaskonier. Als sich aber beide
et le nègre pensait pas beaucoup de le Gascon Quand soi mais tous deux
schon ausgekleidet hatten, band sich der Gaskonier mit einem
déjà deshabillé avaient banda soi le Gascon avec un
ledernen Riemen noch ein Kistlein an den Leib und sagte nicht
cuir lacet encore une petite boîte à le corps et disait pas
warum, als wenn's so sein müsste.
pourquoi comme si il ainsi doit être

Der Mohr sagte "Warum das? Habt Ihr so etwas dem
Le nègre disait Pourquoi ça Avez vous quelque chose comme ça le
großen Springer nachgemacht, der Bleikugeln an die Füße binden
grand sauteur imité qui boules de plomb à les pieds attacher
musste, wenn er einen Hasen fangen wollte, damit er den Hasen nicht
devait lorsque il un lièvre attraper voulait pour que il le lièvre pas
übersprang?"
sauta par-dessus

Der Gaskonier öffnete das Kistlein und sagte: "Ich habe nur eine
Le Gascon ouvrit la petite boîte et disait Je ai seulement une
Flasche Wein darin, ein paar Knackwürste und einen Laib Brot. Ich
bouteille vin dedans une paire saucisses knack et une miche pain. Je
wollte Euch eben fragen, wo Ihr Euere Lebensmittel habt. Denn ich
voulais vous juste demander où vous vos aliments avez Car je
schwimme jetzt geradewegs den Themsefluss hinab in die Nordsee
nage maintenant tout droit le fleuve Tamise en-bas dans la mer du Nord
und durch den Kanal ins Atlantische Meer nach Cadiz, und wenn's
et à travers le canal dans la Atlantique mer vers Cadix et si il
nach mir geht, so kehren wir unterwegs nirgends ein, denn bis
d'après moi va ainsi arrêter 2... nous en route nulle part ...2 car jusque
Montag, den sechzehnten, muss ich wieder in Oleron sein. Aber in
lundi le seize dois je à nouveau à Oléron être Mais à
Cadiz im Rösslein will ich morgen früh ein gutes Mittagessen
Cadix au Petit Cheval veux je demain tôt un bon déjeuner

bestellen, dass es fertig ist, bis   Ihr nachkommt."
commander   que   il terminé est jusque vous   arriverez

Der aufgeschlossene Leser hätte kaum gedacht, dass er sich auf diese
   Le   ouvert   lecteur aurait à peine   pensé   que il   se   de   cette
Art   aus der Affäre herausziehen würde. Aber der Mohr verlor Hören
manière de   la   affaire   tirer   voudrait Mais le nègre   perdit entendre
und Sehen. "Mit diesem Enterich", sagte er zu seinem Herrn, "kann
 et   voir   Avec   ce   canard   disait il à   son   maître   peux
ich nicht um die Wette schwimmen. Tut, was   ihr wollt", und kleidete
 je pas   pour le   pari   nager   Faites ce [que] vous voulez   et   habilla 1...
sich wieder an.
 soi   à nouveau ...1

Also war die Wette zu Ende, und der Gaskonier bekam von seinem
Alors était le   pari à [sa] fin   et   le   Gascon   reçut   de   son
Engländer, der ihn mitgebracht hatte, eine ansehnliche Belohnung,
  Anglais   qui lui   emmena   avait   une   importante   récompense
der Mohr aber wurde von jedermann ausgelacht. Denn obwohl man
 le   nègre   mais   était   de   tout le monde   moqué   Car   malgré   on
wohl merken musste, dass der Franzose nur   auf die Pauke gehauen
bien   noter   devait   que   le   Français   seulement sur la   timbale   taper
auf die Pauke hauen = faire quelque chose de spectaculaire pour intimider quelqu'un
hatte, so fand doch jedermann Vergnügen an dem kecken Einfall und
 avait   ainsi trouva donc tout le monde   amusement   à   la   effrontée   idée   et
an dem unerwarteten Ausgang, und er wurde nachher von allen, die
  à   la   imprévue   issue   et   il   était   après   de tous   qui
auf ihn gewettet hatten, noch vier Wochen lang in allen Wirtshäusern
 sur   lui   parié   avaient encore quatre semaines durant dans toutes   auberges
und Bierkneipen verehrt. Und er bekannte, dass er noch nie in seinem
 et   bars à bière   admiré   Et   il   avoua   que il encore jamais dans sa
Leben im   Wasser gewesen war.
  vie   dans la   eau   été   avait

Der Zundelheiner und der Brassenheimer Müller
 Le   Zundelheiner   et   le   de Brassenheim   meunier

Eines Tages saß der Zundelheiner ganz betrübt in einem Wirtshaus
  Un   jour   assis le   Zundelheiner   tout   désolé dans une   auberge
und dachte daran, wie   ihn zuerst der rote Dieter und danach sein
 et   pensait   à   comment lui d'abord le rouge Dieter   et   après   son
eigener Bruder verlassen haben, und wie   er jetzt allein ist. "Nein",
 propre   frère   abandonné   ont   et comment il maintenant seul   est   Non

17

dachte er, "man kann bald keinem Menschen mehr trauen, und
  pensait il   on   peut bientôt aucun   homme   plus   faire confiance et
wenn man meint, es sei einer ehrlich, so ist er ein Spitzbub."
  lorsque on   pense   il serait un   honnête alors est il un galopin

Unterdessen kommen mehrere Gäste in das Wirtshaus und trinken
  Entre-temps   viennent   plusieurs   clients dans la   auberge   et   boivent
Neuen Wein. "Wisst Ihr auch," sagte einer, "dass der Zundelheiner
  nouveau vin   Savez vous aussi   disait un   que le   Zundelheiner
im Land ist und morgen findet in der ganzen Gemeinde eine
  dans le pays   est et   demain a lieu 1... dans la   entière   commune   une
Treibjagd statt, um ihn wieder einzufangen, und der Amtmann und
  battue   ...1 pour lui à nouveau   attrapper   et le   fonctionnaire et
die Schreiber stehen auf dem Anstand!" Als das der Zundelheiner
  le secrétaire   sont   sur le   principe Lorsque ceci le   Zundelheiner
hörte, wurde es ihm grün und gelb vor den Augen, denn er dachte, es
  entendit devenait il lui   vert et   jaune devant les   yeux   car il pensait il
kenne ihn jemand, und jetzt wäre er verraten.
  connait lui quelqu'un et   maintenant serait il trahit

Ein anderer aber sagte: "Es ist wieder einmal ein blinder Alarm. Sitzt
  Un autre mais disait   Il est à nouveau une fois une aveugle alarme Assis
nicht der Zundelheiner und sein Bruder in Wollenstein im
  pas le   Zundelheiner et son frère à Wollenstein en
Gefängnis ? »
  prison

Unterdessen kommt auf einem wohlgenährten Schimmel der
  Entre-temps vient sur un bien nourri cheval blanc le
Brassenheimer Müller mit roten Backen und kleinen, freundlichen
  de Brassenheim   meunier avec rouges joues et petits amicaux
Augen dahergeritten. Und als er in die Stube kam, und hörte, dass sie
  yeux chevauché jusqu'ici Et lorsque il dans la pièce venait et entendait que ils
von dem Zundelheiner sprechen, sagt er: "Ich hab' schon so viel von
  de le Zundelheiner parlent dit il Je ai déjà si beaucoup de
dem Zundelheiner erzählen gehört. Ich möcht' ihn doch auch einmal
  le Zundelheiner raconté entendu Je voudrais lui cependant aussi une fois
sehen." Da sagte ein anderer: "Nehmt Euch in Acht, dass Ihr ihn
  voir Là disait un autre   Prenez vous en garde que vous lui
nicht zu früh zu sehen bekommt! Es geht die Rede um, er sei wieder
  pas trop tôt à voir recevez Il circule1... la parole ...1 il serait à nouveau
im Land." Aber der Müller sagte: "Pah! Ich komm' noch bei guter
  au pays Mais le meunier disait Bah Je vais encore par bon
Tageszeit durch den Fridstädter Wald, dann bin ich auf der
  moment de la journée à travers la de Fridstadt forêt alors suis je sur la

18

Landstrasse; und wenn ich mich verspäte, geb' ich dem Schimmel die
<small>grande-route   et   si   je   me   retarde   donne je   le   cheval blanc   les</small>
Sporen."
<small>éperons</small>

Als das der Zundelheiner hörte, fragte er die Wirtin: "Was bin ich
<small>Lorsque ceci le   Zundelheiner   entendait demandait il   la aubergiste   Quoi suis   je</small>
schuldig?", und geht fort in den Fridstädter Wald.
<small>redevable   et   repart   dans la   de Fridstadt   forêt</small>
Unterwegs begegnet ihm ein lahmer Mensch.
<small>En chemin   rencontre   lui   une paralysée   personne</small>

"Gebt mir für einen Batzen Eure Krücke", sagte er zu dem lahmen
<small>Donnez moi   pour   un   magot   votre   béquille   disait il   à   le   paralysé</small>
Bettler. "Ich habe mir den linken Fuß verstaucht, dass ich laut
<small>mendiant   Je   ai   moi   le   gauche   pied   foulé   que   je   bruyamment</small>
schreien möchte, wenn ich drauf treten muss. Im nächsten Dorf
<small>crier   voudrait   lorsque je   dessus   appuyer dois   Dans le   prochain   village</small>
macht Euch der Wagner eine neue." Also gab ihm der
<small>fait   vous   le   constructeur de chariots   une   nouvelle   Alors   donna   lui   le</small>
Bettler die Krücke.
<small>mendiant la   béquille</small>
Bald darauf gehen zwei betrunkene Soldaten an ihm vorbei und
<small>Bientôt dessus   vont   deux   ivres   soldats   à   lui   passé   et</small>
singen das Reiterlied. Wie er in den Fridstädter Wald kommt, hängt
<small>chantent   la   chanson du cavalier Lorsque il dans   la   de Fridstadt   forêt   arrive   accroche</small>
er die Krücke an einen hohen Ast, setzt sich ungefähr sechs Schritte
<small>il la   béquille   sur une   haute branche assis   soi   environ   six   pas</small>
davon weg an die Strasse und zieht das linke Bein zusammen, als
<small>éloigné   à   la   route   et   tire   la   gauche jambe ensemble   comme</small>
wenn er lahm wäre. Kurz darauf kommt auf stattlichem Schimmel der
<small>si   il paralysé serait   Peu   après   vient   sur   magnifique   cheval blanc   le</small>
Müller daher und macht ein Gesicht, als wenn er sagen wollte: "Bin
<small>meunier   de là   et   fait   un   visage comme si   il   dire   voulait   Suis</small>
ich nicht der reiche Müller, und bin ich nicht der schöne Müller, und
<small>je pas   le   riche   meunier   et   suis je   pas   le   beau   meunier   et</small>
bin ich nicht der witzige Müller?"
<small>suis je   pas   le   drôle   meunier</small>

Als aber der witzige Müller zu dem Zundelheiner kam, sagte der
<small>Mais lorsque le   drôle   meunier   à   le   Zundelheiner   arriva   disait   le</small>
Zundelheiner mit kläglicher Stimme: "Wolltet Ihr nicht ein Werk der
<small>Zundelheiner   avec   piteuse   voix   Vouliez vous   pas   une   oeuvre de</small>
Barmherzigkeit tun an einem armen, lahmen Mann? Zwei betrunkene
<small>bienfaisance   faire   à   un   pauvre   paralysé   homme   Deux   ivres</small>

Soldaten, sie sind Euch wohl   begegnet, haben mir all mein
soldats   ils sont vous probablement rencontré   ont   moi tout mon
Almosengeld abgenommen und haben mir aus Bosheit, dass es so
argent d'aumônes   prit   et   ont   moi par méchanceté que il si
wenig war, die Krücke auf jenen Baum geschleudert, und ist an den
peu   était   la   béquille   sur   cet   arbre   projeté   et   est à les
Ästen hängen geblieben, dass ich nun nicht mehr weiter kann. Wolltet
branches accroché   resté   que je maintenant ne   plus continuer peux   Voulez
Ihr nicht so gut sein und sie mit Eurer Peitsche herunter streifen?"
vous ne   si bon être et   elle avec votre   fouet   descendre effleurer

Der Müller sagte: "Ja, sie sind mir begegnet an der Waldspitze. Sie
Le   meunier   disait   Oui ils sont moi   croisé   à   la pointe de la forêt   Ils
haben gesungen: So herzig, wie meine Liesel ist halt nichts auf der
ont   chanté   Si mignon   comme ma   Liesel est bien rien   sur   la
Welt!" Weil aber der Müller auf einem schmalen Steg über einen
terre   Car mais le   meunier   sur   un   étroit   sentier sur un
Graben zu dem Baum musste, so   stieg   er von dem Ross ab, um
fossé   à   le   arbre   devait   ainsi descendit 1... il de   le cheval ...1 pour
dem armen Teufel die Krücke herunter zu holen.
le   pauvre   diable   la   béquille   descendre à chercher

Als er aber an dem Baum war, und schaut hinauf, schwingt sich der
Lorsque il mais à   le   arbre   était   et   regarde en-haut   pivote   soi   le
Zundelheiner schnell wie ein Adler auf den stattlichen Schimmel, gibt
Zundelheiner   rapidement comme un aigle   sur   le   magnifique   cheval blanc   donne
ihm mit dem Absatz die Sporen und reitet davon. "Lasst Euch das
lui   avec le   talon   les   éperons et chevauche de là   Laissez vous   la
Gehen nicht verdrießen," rief er dem Müller zurück, "und wenn Ihr
marche   pas   chagriner   cria il   le meunier   retour   et   lorsque vous
heimkommt, so   richtet   Eurer Frau einen Gruß aus von dem
rentrez   ainsi transmettez 2...   votre femme une salutation ...2 de   le
Zundelheiner!"
Zundelheiner

So etwas   muss man selber sehen, wenn man's glauben soll!
Quelque chose comme ça doit   on   soi-même voir   si   on   y   croire   doit
Als er aber eine Viertelstunde nach Betzeit   nach Brassenheim und
Lorsque il mais un   quart d'heure   après temps de prière vers Brassenheim   et
an die Mühle kam und alle Räder klapperten, so dass ihn niemand
à   le moulin   arrivait et toutes roues   claquaient   pour que lui   personne
hörte, stieg   er vor der Mühle ab, band   den Schimmel an der
entendrait descendit 1... il devant le   moulin   ...1 noua 2... le   cheval blanc   à   la

Haustüre an und setzte   seinen Weg   zu Fuß fort.
porte d'entrée ...2 et   poursuivi 3... son   chemin   à   pied   ...3

Der listige Quäker
Le   rusé   Quaker

Die Quäker sind eine Sekte, zum Beispiel in England, fromme,
Les   Quakers sont   une   secte   par   exemple en Angleterre   pieux
friedliche und verständige Leute, und dürfen vieles nicht tun nach
pacifiques et   sensées   personnes et   peuvent beaucoup ne pas faire d'après
ihren Gesetzen: Nicht schwören, nicht das Gewehr tragen,   vor
leurs   lois   Ne pas   jurer   ne pas   le   fusil   porter   devant
niemandem den Hut abziehen, aber reiten   dürfen sie, wenn sie
personne   le chapeau enlever   mais chevaucher peuvent ils   si   ils
Pferde haben.
chevaux possèdent
Als einer von ihnen einmal abends auf einem schönen, stattlichen
Lorsque un de   eux   une fois   le soir   sur   un   beau   magnifique
Pferd nach Hause in die Stadt reiten wollte, wartet auf ihn ein Räuber
cheval vers   maison dans la ville chevaucher voulait attend sur lui un voleur
mit schwarzem Gesicht, ebenfalls auf einem Ross, dem man alle
avec   noir   visage   également sur un   cheval que on toutes
Rippen unter der Haut, alle Knochen, alle Gelenke zählen konnte,
côtes   sous la   peau tous   os   toutes articulations compter pouvait
nur   nicht die Zähne, denn sie waren alle ausgebissen, nicht
seulement pas les dents   car   elles étaient toutes cassées   pas
vom Hafer, sondern vom Stroh.
de la avoine   mais   de la   paille

"Kind Gottes", sagte der Räuber, "ich möchte meinem armen Tier
 Enfant [de] Dieu   disait   le   voleur   je voudrais   mon   pauvre animal
da, das sich noch dunkel   an den Auszug der Kinder Israels aus
là qui se encore sombrement à   la   sortie des enfants de Israël de
Ägypten erinnern kann, wohl auch ein so gutes Futter gönnen, wie
 Egypte   rappeler peut sûrement aussi un si bon fourrage offrir   comme
das Eure offenbar genossen hat. Wenn's Euch recht ist, so wollen wir
le vôtre manifestement régalé   a   Si   il vous opportun est alors voulons nous
tauschen. Ihr habt doch keine geladene Pistole bei Euch, aber ich."
échanger   Vous avez mais   pas de   chargé   pistolet avec vous mais moi

Der Quäker dachte bei sich selbst: "Was ist zu tun? Wenn alle Stricke
Le   Quaker pensait chez   soi-même   Quoi est à faire   Si toutes cordes

Wenn alle Stricke reissen = dans le pire des cas

reißen, so hab' ich zu Hause noch ein zweites Pferd, aber kein zweites Leben."

Also tauschten sie miteinander, und der Räuber ritt auf dem Ross des Quäkers nach Hause, aber der Quäker führte das arme Tier des Räubers am Zaum. Als er aber zur Stadt und an die ersten Häuser kam, legte er ihm den Zaum auf den Rücken und sagte: "Geh' voraus, Lazarus; du wirst den Stall deines Herrn besser finden als ich." Und so ließ er das Pferd vorausgehen und folgte ihm von einer Gasse zur andern, bis es vor einer Stalltüre stehen blieb. Als es stehen blieb und nicht mehr weiter wollte, ging er in das Haus und in die Stube, und der Räuber wischte gerade den Ruß aus dem Gesicht, mit dem er es geschwärzt hatte; mit einem wollenen Strumpf.

"Seid Ihr gut nach Hause gekommen?" sagte der Quäker. "Wenn's Euch recht ist, dann wollen wir jetzt unseren Tausch wieder rückgängig machen, er ist ohnehin nicht gerichtlich bestätigt. Gebt mir mein Rösslein wieder, das Eure steht vor der Tür."

Als sich nun der Spitzbube entdeckt sah, gab er dem Quäker sein gutes Pferd zurück. "Seid so gut", sagte der Quäker, "und gebt mir jetzt auch noch zwei Taler Rittlohn; ich und Euer Rösslein sind miteinander zu Fuß spaziert." Also musste der Spitzbube ihm auch noch die zwei Taler Rittlohn zahlen. "Nicht wahr, das Tierlein läuft einen sanften Trab?" sagte der Quäker.

Der schlaue Soldat

Ein Soldat im letzten Krieg wusste wohl, dass der Bauer, dem er jetzt auf der Strasse entgegenging, 100 Gulden für geliefertes Heu eingenommen hatte und heim tragen wollte. Deswegen bat er ihn um ein kleines Geschenk, um Tabak und Branntwein zu kaufen. Wer weiß, ob er mit ein paar Batzen nicht zufrieden gewesen wäre. Aber der Landmann versicherte und beteuerte bei Himmel und Hölle, dass er den eigenen letzten Kreuzer ausgegeben und nichts mehr übrig habe.

"Wenn's nur nicht so weit von meinem Quartier wäre", sagte hierauf der Soldat, "so wäre uns beiden zu helfen; aber wenn du nichts hast, und ich hab' nichts, so müssen wir den Gang zum heiligen Alfonsus wohl machen. Was er uns heute beschert, wollen wir brüderlich teilen."

Dieser Alfonsus stand in Stein ausgehauen in einer alten, wenig besuchten Kapelle am Feldweg. Der Landmann hatte anfangs keine große Lust zu dieser Wallfahrt. Aber der Soldat versicherte unterwegs seinem Begleiter so nachdrücklich, der heilige Alfonsus habe ihn noch in keiner Not stecken lassen, dass dieser selbst anfing, Hoffnung zu gewinnen. Vermutlich war in der abgelegenen Kapelle ein Kamerad und Helfershelfer des Soldaten verborgen?

Ganz und gar nicht! Es war wirklich das steinerne Bild des Alfonsus, vor welchem sie jetzt niederknieten, während der Soldat andächtig zu beten schien. "Jetzt", sagte er seinem Begleiter ins Ohr, "jetzt hat mir der Heilige gewunken." Er stand auf, ging zu ihm hin, hielt die Ohren an die steinernen Lippen und kam gar freudig wieder zu seinem Begleiter zurück. "Einen Gulden hat er mir geschenkt; in meiner Tasche müsse er schon stecken." Er zog auch wirklich zum Erstaunen des Bauern einen Gulden heraus, den er aber schon vorher bei sich hatte, und teilte ihn, wie versprochen, brüderlich zur Hälfte.

Das leuchtete dem Bauern ein, und es war ihm ganz recht, dass der Soldat die Probe noch einmal machte. Alles ging das zweite Mal wie zuerst. Nur kam der Soldat diesmal viel freudiger von dem Heiligen zurück. "Hundert Gulden hat uns jetzt der gute Alfonsus geschenkt. In deiner Tasche müssen sie stecken."

Der arme Bauer wurde totenblass, als er dies hörte, und wiederholte seine Versicherung, dass er gewiss keinen Kreuzer habe. Jedoch, der

24

Soldat redete   ihm zu, er sollte doch   nur Vertrauen zu dem heiligen
soldat sermonnait 1... lui   ...1 il devait cependant seulement confiance à   le   saint
Alfonsus haben und nachsehen. Alfonsus habe ihn noch nie
Alphonse   avoir   et   regarder   Alphonse   aurait lui encore jamais
enttäuscht.
   déçu
Wohl oder übel musste er seine Taschen umstülpen und leer machen.
   Bon   ou   mauvais devait il ses   poches   retourner   et   vide   faire
   wohl oder übel = bon gré mal gré
Die hundert Gulden kamen richtig zum Vorschein, und − hatte er
   Les   cent   florins venaient vraiment à   apparaître   et   avait   il
vorher dem schlauen Soldaten die Hälfte von seinem Gulden
   avant le   intelligent   soldat   la   moitié de   son   florin
abgenommen − so musste er jetzt auch seine hundert Gulden mit ihm
   ponctionné   alors devait il maintenant aussi ses   cent   florins avec lui
teilen, da half kein Bitten und kein Flehen. Das war fein und listig,
   partager là aida pas de prière et pas de supplication Cela était fin et rusé
aber eben   doch nicht recht, zumal in einer Kapelle.
   mais maintenant néanmoins pas   juste   surtout dans une   chapelle

Der sicherste Weg
   Le   plus sûr   chemin

Manchmal hat selbst ein Betrunkener noch eine Überlegung oder
   Parfois a même un   ivre   encore une   réflexion   ou
doch einen guten Einfall, wie einer, der auf dem Heimweg   aus der
   encore une bonne idée   comme un qui sur le chemin à la maison de la
Stadt nicht auf dem gewöhnlichen Pfad, sondern gerade in dem
   ville pas sur le   habituel   sentier mais   tout droit dans la
Wasser ging, das dicht neben dem Pfad läuft.
   eau   alla qui tout près à côté   du sentier court
Ihm begegnete ein menschenfreundlicher Herr, der gerne   den
   Lui croisait   un   philanthrope   monsieur qui avec plaisir les
Notleidenden   und   Betrunkenen hilft, und wollte ihm die Hand
   personnes dans le besoin et   ivres   aide et voulait lui la main
reichen. "Guter Freund", sagte er, "merkt Ihr nicht, dass Ihr im
   tendre   Bon ami   disait il remarquez vous pas que vous dans la
Wasser geht? Hier ist der Fußweg!"
   eau   marchez Ici est le sentier pédestre
Der Betrunkene erwiderte: Sonst   fände er's auch bequemer, auf dem
   Le   ivre   rétorquait Ordinairement trouvait il le aussi   plus confortable sur   le
trockenen Pfad zu gehen, aber diesmal gehe er ein bisschen mehr
   sec   sentier à marcher mais cette fois marcherait il   un   peu   plus

25

seitlich. "Eben deswegen", sagte der Herr, "will ich Euch aus dem
 de côté   Juste   pour cela   disait le monsieur veux je vous de le
Bache heraushelfen!" "Eben deswegen", erwiderte der Betrunkene,
 ruisseau   aider à sortir   Juste   pour cela   rétorquait le   ivre
"bleib' ich drin. Denn wenn ich im Bach gehe und falle, so falle ich
  reste   je dedans   Car   si   je dans ruisseau marche et tombe alors tombe je
auf den Weg. Wenn ich aber auf dem Weg falle, so falle ich in den
 sur le chemin Si   je mais sur   le   chemin tombe alors tombe je dans le
Bach." So sagte er und klopfte mit dem Zeigefinger auf die Stirn,
 ruisseau Ainsi disait il et toquait   avec le   index   sur le front
nämlich, dass darin außer dem Rausch auch noch etwas mehr sei.
  à savoir   que dedans à part   la   ivresse   aussi encore quelque chose plus était

Der silberne Löffel
    La   argentée cuillère

In Wien dachte ein Offizier: Ich will doch auch einmal im Roten
 A Vienne pensait un   officier Je veux quand même aussi une fois au Rouge
Ochsen   zu Mittag essen, und geht in den Roten Ochsen. Da waren
 Bœuf [Restaurant] à midi   manger et va dans le Rouge   Bœuf   Là étaient
bekannte und unbekannte Menschen, Vornehme und Mittelmäßige,
  connus   et   inconnus   gens   distinguées et   médiocres
ehrliche Leute und Spitzbuben, wie überall. Man aß und trank, der
 honnêtes personnes et   galopins   comme partout On mangea et buva le
eine viel, der andere wenig. Man sprach und erzählte von diesem und
 un beaucoup le autre   peu   On   parla   et   raconta de ceci   et
jenem, zum Beispiel von dem Franzosen, der mit dem großen Wolf
 cela par exemple de ce Français   qui avec le grand   loup
gekämpft hat.
  lutté   a
Als nun das Essen fast vorbei war, einer und der andere trank
 Quand maintenant le repas presque fini était   le un   et le autre   buva
noch eine halbe Maß Bier, ein anderer drehte Kügelchen aus weichem
 encore une demi chope bière un autre   tournait petites billes de tendre
Brot, als wenn er ein Apotheker wär' und wollte Pillen machen, ein
 pain comme si il un pharmacien était et voulait pillules faire   un
dritter spielte mit dem Messer oder mit der Gabel oder mit dem
 troisième jouait avec le couteau ou avec la fourchette ou avec la
silbernen Löffel.
  argentée cuillère
Da sah der Offizier zufällig zu, wie einer in einer grünen Jacke mit
 Là regarda 1... le officier par hasard ...1 comme un dans une verte veste avec

dem silbernen Löffel spielte, und wie ihm der Löffel plötzlich in den Ärmel hineinschlüpfte und nicht wieder herauskam. Ein anderer hätte gedacht: was geht es mich an? und wäre still gewesen oder hätte großen Lärm angefangen. Der Offizier dachte: Ich weiß nicht, wer der grüne Löffeldieb ist, und was es für einen Verdruss geben kann, und war mäuschenstill, bis der Wirt kam und das Geld einzog.

Als der Wirt kam und das Geld einzog, nahm der Offizier auch einen silbernen Löffel und steckte ihn in ein Knopfloch in der Jacke, wie es manchmal die Soldaten im Krieg machen, wenn sie den Löffel mitbringen, aber keine Suppe. Während der Offizier seine Zeche bezahlte, und der Wirt schaute ihm auf die Jacke, dachte er: Das ist ein seltsamer Verdienstorden, den der Herr da hängen hat. Der muss sich im Kampf mit einer Krebssuppe hervorgetan haben, dass er als Ehrenzeichen einen silbernen Löffel bekommen hat; oder ist's gar einer von meinen eigenen? Als aber der Offizier dem Wirt die Zeche bezahlt hatte, sagte er mit ernsthafter Miene: „Und den Löffel bekomme ich ja dazu. Nicht wahr? Die Zeche ist ja teuer genug." Der Wirt sagte: „So etwas ist mir noch nicht vorgekommen. Wenn Ihr keinen Löffel daheim habt, dann will ich Euch einen Blechlöffel schenken, aber meinen silbernen lasst Ihr mir da." Da stand der Offizier auf, klopfte dem

Wirt auf die Schulter und lächelte. „Wir haben nur Spaß gemacht",
aubergiste sur la épaule et souriait Nous avons seulement blague fait
sagte er, „ich und der Herr dort in der grünen Jacke. Gebt Ihr Euren
disait il moi et le monsieur là dans la verte veste Donnez vous votre
Löffel wieder aus dem Ärmel heraus, grüner Herr, dann will ich
cuillère à nouveau de la manche dehors vert monsieur alors veux je
meinen auch wieder hergeben."
la mienne aussi à nouveau redonner

Als der Löffeldieb merkte, dass er verraten war, und dass ein ehrliches
Lorsque le voleur de cuillère remarqua que il démasqué était et que un honnête
Auge auf seine unehrliche Hand gesehen hatte, dachte er: Lieber Spaß
oeil sur sa malhonnête main regardé avait pensait il Plutôt blague
als Ernst, und gab seinen Löffel ebenfalls her. Also kam der Wirt
que sérieux et redonna 2... sa cuillère également ...2 Ainsi venait le aubergiste
wieder zu seinem Eigentum, und der Löffeldieb lachte auch – aber
de nouveau à sa propriété et le voleur de cuillère rigolait aussi mais
nicht lange!
pas longtemps

Denn als die anderen Gäste das sahen, jagten sie den verratenen Dieb
Car lorsque les autres clients ceci virent chassèrent ils le trahi voleur
mit Schimpf und Schande und ein paar Tritten zur Türe hinaus, und
avec insultes et honte et une paire coups de pieds par porte dehors et
der Wirt schickte ihm den Hausknecht mit einer Hand voll Asche
le aubergiste envoya lui le valet de maison avec une main pleine cendre
hinterher. Den redlichen Offizier aber bewirtete er noch mit einer
par derrière Le honnête officier mais régalait il encore avec une
Flasche Wein auf das Wohl aller ehrlichen Leute. Merke: Das Recht
bouteille vin sur la santé [de] tous honnêtes gens Prenez note La justice
findet seinen Knecht.
trouve son valet

Der unschuldig Gehenkte
Le innocent pendu

Folgende unglückliche Begebenheit hat sich im Schwarzwald
Suivante malheureuse aventure a se en Forêt Noire
zugetragen. Mehrere Buben hüteten miteinander unten am Wald das
passée Plusieurs garçons gardèrent ensemble en-bas à la forêt le
Vieh ihrer Eltern. In der Langeweile trieben sie allerlei und ahmten,
bétail de leurs parents Dans le ennui firent ils de tout et imitèrent 1...
wie man in diesem Alter zu tun pflegt, im Spiel die erwachsenen
comment on dans cet âge à faire prendre dans [le] jeu les adultes
Menschen nach.
personnes ...1

Eines Tages sagte der eine von ihnen: „Ich will der Dieb sein." –
Un jour disait le un de eux Je veux le voleur être

„Dann will ich der Kommissar sein", sagte der zweite. „Seid ihr die
Alors veux je le commissaire être disait le second Etes vous les

Polizisten", sagte er zum dritten und vierten, „und du bist der
policiers disait il à le troisième et quatrième et toi es le

Henker", sprach er zum fünften. Gut! Der Dieb stiehlt einem
bourreau disait il à le cinquième Bien Le voleur vole un

Kameraden heimlich ein Messer und flieht; der Bestohlene klagt beim
camarade en secret un couteau et s'enfuit le volé se plaint chez le

Kommissar; die Polizisten streifen im Revier, fangen den Dieb in
commissaire les policiers rôdent dans le territoire attrapent le voleur dans

einem hohlen Baum und liefern ihn ein. Der Richter verurteilt ihn
un creux arbre et incarcèrent 1... lui ...1 Le juge condamne lui

zum Tode.
à mort

Unterdessen hört man im Wald einen Schuss fallen, und Hundegebell.
Dans l'intervalle entend on dans la forêt un coup de feu tomber et aboiements de chiens

Man achtet nicht darauf. Der Henker wirft dem Übeltäter kurz einen
On veille pas y Le bourreau lance à le criminel brièvement une

Strick um den Hals und bindet ihn im Unverstand und Leichtsinn an
corde au le cou et attache lui dans la inconscience et insouciance à

einen Ast, so, dass er mit den Füßen die Erde nicht berührt; denkt,
une branche ainsi que il avec les pieds la terre pas touche pense

einen Augenblick kann er's schon aushalten.
un instant peut il le déjà supporter

Plötzlich rauscht es im dürren Laub im Wald; es knackt und kracht im
Soudain bruisse il dans le sec feuillage dans la forêt il claque et craque dans le

dichten Gehölz; ein schwarzer, wilder Eber bricht zottig und blitzend
touffu bosquet un noir sauvage sanglier extrait poilu et brillant

aus dem Wald hervor und läuft über den Richtplatz. Die Hirtenbuben,
de la forêt dehors et court sur la place de jugement Les garçons bergers

denen es ohnehin halb zumute war, als ob es doch nicht ganz recht
que il de toutes façons à moitié d'humeur était comme si il encore pas entier juste

wäre, erschrecken, und meinen, es wäre der Teufel, und laufen vor
serait s'effrayèrent et pensaient il serait le diable et courent 1... de

Angst davon. Einer von ihnen läuft ins Dorf und erzählt, was
peur ...1 Un de eux court au village et raconte quoi

geschehen ist. Aber als man kam, um den Gehenkten abzulösen, war
arrivé est Mais lorsque on arriva pour le pendu libérer était

er erstickt und tot.
il étouffé et mort

Dies ist eine Warnung. Der Kommissar und die Polizisten kamen für
Ceci est un avertissement Le commissaire et les policiers arrivèrent pour
drei Wochen ins Gefängnis, und der Henker für sechs. Dass der Eber
trois semaines en prison et le bourreau pour six Que le sanglier
der Teufel war, hat sich nicht bestätigt. Denn er wurde von den
le diable était a se pas confirmé Car il devint de les
nacheilenden Jägern erlegt; der Teufel aber ist noch am Leben.
suivants chasseurs tué le diable mais est encore en vie

Der Wasserträger
Le porteur d'eau

In Paris holt man das Wasser nicht aus dem Brunnen. Man schöpft
A Paris cherche on la eau pas de le puits On puise
das Wasser in dem Fluss, der hindurch fließt, und hat Wasserträger,
la eau dans la rivière qui à travers coule et a porteurs d'eau
arme Leute, die jahraus, jahrein das Wasser in die Häuser bringen und
pauvres gens qui année après année la eau dans les maisons apportent et
davon leben. Denn man müsste viele Brunnen graben für eine halbe
de ça vivent Car on devrait beaucoup puits creuser pour une moitié
Million Menschen in einer Stadt, ohne das unvernünftige Vieh. Auch
million personnes dans une ville sans le déraisonnable bétail Aussi
hat das Erdreich dort kein trinkbares Wasser; auch deshalb gräbt man
a la terre là-bas pas de potable eau aussi c'est pourquoi creuse on
keine Brunnen.
pas de puits
Zwei solche Wasserträger verdienten ihr Stück Brot und tranken am
Deux pareils porteurs d'eau gagnent leur morceau pain et buvèrent à le
Sonntag ihren Wein miteinander, viele Jahre lang; auch legten
dimanche leur vin ensemble nombreuses années longues aussi mirent de côté 1...
sie immer ein wenig von dem Verdienst zurück und setzten es in der
ils toujours un peu de le gain ...1 et misaient il dans la
Lotterie. Wer sein Geld in die Lotterie trägt, trägt' s in den Rhein.
loterie Qui son argent dans la loterie apporte apporte il dans le Rhin
Weg ist's! Aber manchmal lässt das Glück einen unter vielen
Parti est il Mais quelques fois laisse la chance l'un sous nombreux
Tausenden etwas Nennenswertes gewinnen und man trompetet dazu,
milliers quelque chose considérable gagner et on barrit avec
damit die anderen Dummen wieder gelockt werden.
pour que les autres stupides à nouveau attirés seront

Also ließ es auch unsere zwei Wasserträger auf einmal gewinnen, mehr
Ainsi laissait il aussi nos deux porteurs d'eau sur une fois gagner plus

als 100 000 Livres. Einer von ihnen, als er seinen Anteil heimgetragen
que 100 000 Livres L'un de eux lorsque il sa part porté à la maison

hatte, dachte nach: Wie kann ich mein Geld sicher anlegen? Wie viel
avait songeait Comment peux je mon argent sûr investir Combien

darf ich pro Jahr verzehren, damit ich von Jahr zu Jahr reicher werde,
peux je par an consommer pour que je de année à année plus riche deviens

bis ich's nicht mehr zählen kann? Und wie ihn seine Überlegung
jusqu'à je le ne plus compter peux Et comment il son raisonnement

ermahnte, so tat er, und jetzt ist er ein steinreicher Mann, und ein
rappela à l'ordre ainsi fit il et maintenant est il un richissime homme et un

guter Freund von mir kennt ihn.
bon ami de moi connaît le

Der andere sagte: „Gut will ich mir's auch gehen lassen für mein Geld,
Le autre disait Bien veux je moi il aussi aller laisser pour mon argent

aber meine Kunden geb' ich nicht auf, dies wäre unklug". Stattdessen
mais mes clients abandonne 1... je pas ...1 ceci serait imprudent A la place

nahm er für ein Vierteljahr einen Helfer an, der so lange sein Geschäft
accepta 2... il pour un trimestre un aide ...2 qui aussi longtemps son affaire

verrichten musste, wie er reich war. Denn er sagte: „In einem
executer devait comme il riche était Car il disait Dans un

Vierteljahr bin ich fertig."
trimestre suis je fini

Also kleidet er sich jetzt in die vornehmste Seide, jeden Tag ein neuer
Ainsi habillait il soi maintenant dans la plus distinguée soie chaque jour un nouveau

Anzug, eine andere Farbe, einer schöner als der andere, ließ sich alle
costume une autre couleur l'un plus beau que le autre laissait soi tous

Tage frisieren, sieben Locken übereinander, mietete für ein
jours coiffer sept boucles les unes sur les autres louait pour un

Vierteljahr ein prächtiges Haus, ließ alle Tage zwei Schweine
trimestre une splendide maison laissait tous jours deux cochons

schlachten, für sich und seine guten Freunde, die er zum Essen
abattre pour soi et ses bons amis qui il pour manger

einlud, und für die Musikanten. Vom Keller bis in das Speisezimmer
invita et pour les musiciens Depuis cave jusque dans la salle à manger

standen zwei Reihen Hausangestellte und reichten einander die
se tenaient deux rangées domestiques et tendaient les uns les autres les

Flaschen, wie man die Löscheimer reicht bei einem Brand, in der
bouteilles comme on les seaux de pompier tend lors un incendie dans la

einen Reihe die leeren Flaschen, in der anderen die vollen.
une rangée les vides bouteilles dans la autre les pleines

Den Boden von Paris betrat er nicht mehr, sondern, wenn er ins
Le sol de Paris toucha il ne plus mais si il dans le

Theater fahren wollte oder ins Palais Royal, so mussten ihn sechs
théâtre   rouler   voulait   ou   dans le   Palais Royal   ainsi devaient   lui   six

Diener in die Kutsche hineintragen und wieder heraus. Überall war er
serviteurs dans le   carrosse   porter dedans   et   à nouveau   dehors   Partout   était   il

der gnädige Herr, der Herr Baron, der Herr Graf und der verständigste
le   clément   monsieur le   monsieur baron   le   monsieur comte   et   le   plus sencé

Mann in ganz Paris.
homme   dans   tout   Paris

Als er aber drei Wochen vor dem Ende des Vierteljahres in den
Lorsque   il   mais   trois   semaines   avant   la   fin   de le   trimestre   dans   le

Geldkasten griff, um eine Handvoll Dublonen ungezählt und
coffre [argent]   toucha   pour   une   poignée pleine   doublons   non comptés   et

unbeschaut herauszunehmen, als er schon auf den Boden der Kiste
non regardés   à retirer   lorsque il   déjà   sur   le   fond   de la   caisse

griff, sagte er: „Gott sei Dank, ich werde schneller fertig, als ich
toucha   disait   il   Dieu soit remercié   je   deviens   plus vite   fini   que je

gedacht habe."
pensé   ai

Also bereitete er sich und seinen Freunden noch einen lustigen Tag,
Ainsi   préparait   il   soi   et   ses   amis   encore   une   joyeuse   journée

wischte alsdann den Rest seines Reichtums in der Kiste zusammen,
essuyait   ensuite   le   reste   de sa   richesse   dans la   caisse   ensemble

schenkte es seinem Helfer und gab ihm den Abschied.
offrit   il   son   aide   et   donna   lui   le   adieu

Denn am anderen Tag ging er selber wieder an sein altes Geschäft,
Car   à le   autre   jour   alla   il lui-même   de nouveau   à   son   ancienne   affaire

trägt jetzt Wasser in die Häuser wie vorher, wieder so lustig und
porte   maintenant   eau   dans   les   maisons   comme   avant   à nouveau   si   joyeux   et

zufrieden wie vorher. Ja, er bringt das Wasser selbst seinem
content   comme avant   Oui   il   apporte   la   eau   lui-même   à son

ehemaligen Kameraden, nimmt ihm aus alter Freundschaft nichts
ancien   camarade   prend 1...   lui   par   vieille   amitié   rien

dafür ab und lacht ihn aus. Ich denke mir etwas dabei, aber ich
pour ça   ...1   et   rigole 2...   lui   ...2   Je   pense   moi   quelque chose   en   mais   je

sag's nicht.
dis   le   pas

Der Zahnarzt
Le   dentiste

Zwei Landstreicher, die schon lange miteinander in der Welt
Deux   vagabonds   qui   déjà   longtemps   ensemble   dans   le   monde

herumgezogen waren, weil   sie zum Arbeiten zu   träge oder zu
voyagé   étaient   parce que ils pour   travailler   trop paresseux ou   trop
ungeschickt waren, kamen zuletzt in große Not, weil sie wenig Geld
 maladroits   étaient   venaient en dernier dans grande détresse car   ils   peu   argent
übrig hatten und nicht wussten, woher nehmen.
 restant avaient   et   pas   savaient   de où   prendre

Da gerieten sie auf folgenden Einfall: Sie bettelten vor einigen
Là   arrivèrent ils sur suivante   idée   Ils mendiaient devant quelques
Haustüren Brot zusammen, das sie nicht zur Stillung des Hungers
portes d'entrée   pain   ensemble   que   ils   pas   à   tranquilisation de [la]   faim
genießen, sondern zum Betrug missbrauchen wollten. Sie kneteten
 profitent   mais   pour   imposture   abuser   voulaient   Ils pétrissaient
nämlich aus dem Brot lauter kleine Kügelchen oder Pillen und
 à savoir   de   le   pain   beaucoup petites   boulettes   ou   pillules   et
bestreuten sie mit Wurmmehl aus altem, zerfressenem Holz, damit sie
 saupoudrairent elles avec   farine de vers   de   vieux   rongé   bois   afin que   elles
völlig   aussahen wie die gelben Arzneipillen. Hierauf kauften
complètement ressemblaient comme les   jaunes   pillules médicament   Là-dessus achetèrent
sie für ein paar Batzen einige Bogen rot gefärbtes Papier bei dem
ils pour quelques   magots   quelques feuilles   rouge teinté   papier   chez le
Buchbinder (denn eine schöne Farbe muss gewöhnlich bei jedem
 relieur   car   une   belle   couleur doit   habituellement chez chaque
Betrug mithelfen). Das Papier zerschnitten sie alsdann und wickelten
imposture aider   Le   papier   découpèrent   ils   alors   et   enveloppèrent
die Pillen hinein, je   sechs bis acht Stück in ein Päckchen.
les pillules dedans   toujours six   à   huit   pièces dans un   petit paquet

 Nun   ging der eine voraus in ein Dorf, wo gerade Jahrmarkt war, und
Maintenant allait   le   un   en avance dans un village   où justement   marché annuel était   et
in den Roten Löwen, wo er viele Gäste anzutreffen hoffte. Er forderte
dans le   Rouge Lion [auberge] où il beaucoup convives rencontrer espérait   Il demandait
ein Glas Wein, trank aber nicht, sondern saß ganz wehmütig in einem
 un verre   vin   buva cependant pas   mais   assis tout   abattu   dans un
Winkel, hielt die Hand an den Backen, winselte halblaut für sich und
 angle   tenait la   main   à   la   joue   pleurnichait   à mi-voix pour soi   et
drehte sich unruhig hin und her. Die ehrlichen Landleute und Bürger,
 tournait   soi nerveusement va-et-vient   Les   honnêtes   ruraux   et   citoyens
die im Wirtshaus waren, bildeten sich wohl ein, dass der arme
qui dans la   auberge   étaient   imaginèrent 1... soi sûrement ...1   que   la pauvre
Mensch ganz entsetzlich Zahnweh haben müsse. Aber was war zu
 personne   tout   horriblement   mal de dents   avoir devait   Mais que était à

33

tun? Man bedauerte ihn, man tröstete ihn, dass es schon wieder
faire   On   plaignait   lui   on   consolait lui   que il déjà à nouveau
vergehen werde, trank weiter und sprach über seine Marktaffären.
passer   allait   buva à nouveau   et   parla   sur   ses   affaires de marché
Unterdessen kam der andere Tagedieb auch nach. Da stellten
Dans l'intervalle arriva 1... le   autre   voleur   aussi ...1 Là feignaient
sich die beiden Schelme, als ob noch keiner den andern in seinem
soi   les deux   fripons   comme si encore aucun le   autre   dans sa
Leben gesehen hätte. Keiner sah den andern an, bis der zweite durch
vie   vu   avait   Aucun regarda 2... le   autre   ...2 jusque le deuxième par
das Winseln des ersten, der im Winkel saß, aufmerksam zu werden
le pleurnichement du premier qui dans le angle assis   attentif   à   devenir
schien.
semblait.

„Guter Freund", sprach er, „Ihr scheint wohl Zahnschmerzen zu
  Bon   ami   parla   il   Vous semblez sûrement   mal de dents   à
haben?" und ging mit großen, aber langsamen Schritten auf ihn zu.
avoir   et   vint 1... avec grands   mais   lents   pas   sur lui ...1
„Ich bin der Doktor Staunzius Rapunzia von Trafalgar", fuhr   er fort.
  Je suis le   docteur   Staunzius   Rapunzia de   Trafalgar   continua 2... il ...2
Denn solche fremde, volltönige Namen müssen auch zum Betrug
Car   pareils étrangers sonnant bien   noms   doivent   aussi   à la   imposture
behilflich sein wie die Farben. „Und wenn Ihr meine Zahnpillen
 serviable   être comme les couleurs   Et   si   vous mes   pillules pour les dents
gebrauchen wollt", fuhr   er fort, „so kann ich Euch mit einer,
  utiliser   voulez continua 3... il ...3   alors peux je vous   avec une
höchstens zweien, von Eurem Leiden befreien." „Das wolle Gott",
au maximum   deux   de   votre   souffrance délivrer   Ceci   veux Dieu
erwiderte der andere Halunke.
 rétorquait   le   autre   vaurien

Hierauf zog der saubere Doktor Rapunzia eines von seinen roten
Là-dessus tira   le   propre   Docteur Rapunzia   un   de   ses   rouge
Päckchen aus der Tasche und verordnete dem Patienten, ein
petits paquets de   la   poche   et   prescrit   à le   patient   une
Kügelchen daraus auf den bösen Zahn zu legen und herzhaft   darauf
 petite bille   dessus sur la   vilaine dent à poser et à pleines dents dessus
zu beißen. Jetzt streckten die Gäste an den andern Tischen die Köpfe
à   mordre Maintenant étendèrent les convives à les autres   tables   les têtes
herüber, und einer nach dem andern kam herbei, um die Wunderkur
 par ici   et   un   après le   autre   venait par ici pour la   cure miracle
mit anzusehen.
avec   regarder

Nun könnt ihr euch vorstellen, was geschah. Diese erste Probe half
Maintenant pouvez vous vous imaginer quoi arriva Ce premier essai aida

zwar noch nicht; vielmehr tat er einen entsetzlichen Schrei. Das gefiel
certes encore pas plutôt fit il un horrible cri Ceci plut

dem Doktor. Der Schmerz, sagte er, sei jetzt gebrochen, und gab ihm
le docteur La douleur disait il serait maintenant rompue et donna lui

sogleich die zweite Pille zu gleichem Gebrauch. Da war nun plötzlich
aussitôt la deuxième pillule pour même usage Là était maintenant soudain

aller Schmerz verschwunden. Der Patient sprang vor Freuden auf,
toute douleur disparue Le patient sauta 1... de joie ...1

wischte den Angstschweiß von der Stirn weg, obgleich keiner dran
essuya 2... la sueur de peur de le front ...2 bien que aucune auprès

war, und tat so, als ob er seinem Retter zum Dank etwas
était et fit ainsi comme si il son sauveur à le remerciement quelque chose

Beteutsames in die Hand drückte.
significatif dans la main enfonçait

Der Streich war schlau angelegt und tat seine Wirkung. Denn jeder
La farce était rusée conçue et fit son effet Car chacun

Anwesende wollte nun auch von diesen vortrefflichen Pillen haben.
présent voulait maintenant aussi de ces éminentes pillules avoir

Der Doktor bot das Päckchen für 24 Kreuzer an, und in wenigen
Le docteur offrit 3... le petit paquet pour 24 Kreuzer ...3 et en peu

Minuten waren alle verkauft.
minutes étaient tous vendus

Natürlich gingen jetzt die zwei Schelme wieder einer nach dem
Naturellement allèrent maintenant les deux fripons à nouveau un après le

anderen weiter, lachten, als sie wieder zusammenkamen, über die
autre plus loin riaient lorsqu'ils à nouveau arrivaient ensemble sur la

Einfalt dieser Leute und ließen sich's gut gehen von ihrem Geld. Das
niaiserie [de] ces personnes et laissèrent soi il bien aller de leur argent Ceci

war teures Brot. So wenig für 24 Kreuzer bekam man noch in keiner
était cher pain Si peu pour 24 Kreuzer reçut on encore dans aucune

Hungersnot. Aber der Geldverlust war nicht das Schlimmste.
famine Mais la perte d'argent était pas le plus grave

Denn die Weichbrotkügelchen wurden natürlicherweise mit der Zeit
Car les petites billes de pain mou devenaient naturellement avec le temps

steinhart.
dures comme de la pierre

Wenn nun so ein armer Betrogener nach Jahr und Tag Zahnweh
Quand maintenant ainsi un pauvre abusé après année et jour mal de dents

bekam und in gutem Vertrauen mit dem kranken Zahn einmal und
reçut et en bonne confiance avec la malade dent une fois et

35

zweimal darauf biss, da denke man an den entsetzlichen Schmerz, den
er, statt geheilt zu werden, sich selbst bereitete. Für 24 Kreuzer aus
der eigenen Tasche. Daraus ist also zu lernen, wie leicht man betrogen werden kann, wenn man den Vorspiegelungen jedes Landstreichers traut, den man zum ersten Mal in seinem Leben sieht, und vorher nie und nachher nie mehr; und mancher, der dies liest, wird vielleicht denken: „So einfältig bin ich zu meinem eigenen Schaden auch schon gewesen." (Merke: Wer so etwas kann, der weiß an anderen Orten Geld zu verdienen, der läuft nicht auf den Dörfern und Jahrmärkten herum mit Löchern im Strumpf oder mit einer weißen Schnalle am rechten Schuh und mit einer gelben am linken.)

Die Probe

In einer ziemlich großen Stadt, wo nicht alle Leute einander kennen, auch nicht alle Polizisten, ging ein neu angestellter Polizist in ein verdächtiges Wirtshaus hinein und hatte einen braunen Mantel über die Uniform drübergezogen. Denn er dachte: Weil ich noch nicht lange im Dienst bin, so kennt mich niemand, und niemand nimmt sich vor mir in Acht; vielleicht gibt's etwas zu fischen.

Ein bejahrter Mann in bürgerlicher Kleidung folgt ihm nach und geht

auch in das Wirtshaus. Der neue Polizist bestellt einen Schoppen; der
betagte Mann setzt sich an den gleichen Tisch und bestellt auch einen
Schoppen.
An anderen Tischen saßen mehrere Leute und sprachen friedlich von
allerlei, von dem Elefanten, von dem grossen Diebstahl, von den
Kriegsoperationen. Einer zog mit dem Finger einen Strich aus Wein
über den Tisch und sagte: "Zum Beispiel, dies wäre die Donau."
Darauf legte er ein Stückchen Käserinde daneben und sagte: "Jetzt,
das wär' Ulm." Ein anderer, als er Ulm nennen hörte, sagte zu dem
betagten Mann: "Ich bin von Ulm und habe dort Haus und Gewerbe.
Aber die alten Zeiten sind nicht mehr." Der betagte Mann sagte:
"Landsmann, Ulm ist überall, die guten Zeiten sind nirgends mehr",
und fing an zu klagen über die Zeit und über die Abgaben und zu
lästern über die Obrigkeit, wie es sich nicht gehört.

Da wurde der Polizist im braunen Überrock aufmerksam und stille
und sagte endlich: "Guter Freund, ich warne Euch." Der betagte
Mann aber sagte: "Was habt Ihr mich zu warnen?" und trank ein Glas
voll Wein nach dem andern aus und schimpfte über die Obrigkeit nur
noch schlimmer. Der verkleidete Polizist sagte: "Guter Freund, ich
kenn' Euch nicht. Aber ich will Euch noch einmal gewarnt haben."
Der Betagte erwiderte: "Warnen hin und warnen her! Was wahr ist,

37

muss man reden dürfen. Was bleibt einem noch übrig als die freie Rede?" Und so und so. Da schlug der verkleidete Polizist den braunen Mantel zurück und zeigte sich, wie er war, in einer hellgrauen Jacke mit roten Abzeichen und einem Band. "Jetzt, guter Freund", sagte er, "jetzt kommt mit mir!" Da stellte sich der Mann, als er an der Uniform den Polizisten erkannte, plötzlich wie umgewendet. "Guter Freund", sagte er, "Ihr werdet doch meinen Spaß nicht für Ernst angesehen haben und nicht

> Ihr werdet den Spass nicht für Ernst genommen haben = vous n'avez certainement pas pris le divertissement pour sérieux

erst heute auf die Welt gekommen sein. Ich sehe schon", sagte er, "wir müssen eine Flasche miteinander trinken, dass Ihr mich besser kennen lernt", und bestellte noch eine Flasche und winkte der Wirtin: "Vom Guten."
Der Polizist aber sagte: "Ich habe keinen Wein mit Euch zu trinken", und fasste ihn oben am Arm, und fort zur Türe hinaus. Unterwegs fuhr der Festgenommene fort zu reden: "Ihr meint zum Beispiel, ich sei ein Feind von Abgaben, weil ich über die Abgaben geschimpft habe. Aber nein, ich will Euch das Gegenteil beweisen, denn Ihr seid auch eine Amtsperson, und ich habe vor Leuten wie Euch Respekt." Dabei zog er einen Kronentaler aus der Tasche und wollte sich damit loskaufen. Aber der Polizist sagte: "Ihr habt mir keine Abgaben zu bezahlen." Eine Gasse weiter fuhr der Festgenommene fort: "Ich

38

wette, Ihr seid noch nicht verheiratet und habt für keine Frau, noch für
_{parie vous êtes encore pas marié et avez pour aucune femme ni pour}
Kinder zu sorgen, weil Ihr keine Abgabe von mir braucht. Ich will
_{enfants à subvenir car vous pas taxes de moi nécessitez Je veux}
Euch zu einem schönen Mädel führen." Der Polizist erwiderte: "Ihr
_{vous à une jolie fille emmener Le policier rétorquait Vous}
habt mich zu keinem Mädel zu führen, aber ich Euch zu einem
_{avez moi à aucune fille à emmener mais moi vous à un}
Mann."
_{homme}

Als sie aber miteinander in den Polizeihof und vor den Herrn
_{Lorsque ils mais ensemble dans la cour de la police et devant le monsieur}
Stadtvogt gekommen waren, fing der Stadtvogt an laut zu lachen,
_{Prévôt arrivés étaient commença 2... le prévôt ...2 bruyamment à rire}
da er ein recht lustiger Mann ist, und sagte: "Welcher von Euch
_{car il un réel joyeux homme est et disait Lequel de vous}
zweien bringt den anderen?" Denn es ist jetzt Zeit, dem lieben Leser
_{deux apporte le autre Car il est maintenant temps à le cher lecteur}
zu sagen, dass der Festgenommene selber ein alter Polizeibeamter
_{à dire que le arrêté lui-même un ancien agent de police}
war. Er hatte sich verkleidet und war dem Neuen nachgegangen, nur
_{était Il avait soi déguisé et avait le nouveau suivi seulement}
um ihn zu prüfen, ob er seine Pflicht tut. Deswegen sagte der
_{pour lui à tester si il son devoir fait Pour cela disait le}
Stadtvogt: "Welcher von Euch zweien bringt den andern?" Der junge
_{prévôt Lequel de vous deux apporte le autre Le jeune}
Polizist wollte anfangen, der alte aber, der vermeintliche
_{policier voulait commencer le ancien mais le présumé}
Festgenommene, schaute ihn gebieterisch an und sagte: "Jetzt rede
_{arrêté regardait 1... lui autoritairement ...1 et disait Maintenant parle}
ich zuerst, ich bin älter im Dienst.
_{je d'abord je suis plus ancien dans le service}

Euer Gnaden, Herr Stadtvogt", sagte er, "dieser junge Mann ist
_{Votre Grâce Monsieur prévôt disait il ce jeune homme est}
erprobt, und wir können uns verlassen auf ihn; denn er hat mich
_{chevronné et nous pouvons faire confiance sur lui car il a moi}
gewissenhaft festgenommen und hat sich nicht von mir bestechen
_{scrupuleusement arrêté et a soi pas de moi acheter}
oder breitschlagen lassen, weder mit Wein, noch mit Geld, noch mit
_{ou baratiner laissé ni avec vin ni avec argent ni avec}
Weibern." Da lächelte der Stadtvogt gar freundlich. Übrigens, an
_{femmes faciles Là souriait le prévôt même amicalement D'ailleurs à}

einem solchen Ort mag es nicht gut sein, ein Spitzbube zu sein, wo
un tel lieu aimerait il pas bien être un galopin à être où
sogar ein Polizist dem andern nicht trauen darf. Diese Geschichte hat
même un policier le autre pas confiance faire peut Cette histoire a
mir der Jüngere der beiden erzählt. Er ist jetzt in Dresden und er hat
moi le plus jeune des deux raconté Il est maintenant à [ville] et il a
mir zum Andenken einen schönen Pfeifenkopf aus Dresden geschickt.
moi pour souvenir une jolie tête de pipe de Dresde envoyé
Ein flotter Bub ist darauf und ein entzückendes Mädchen und sie
Un dégourdi gamin est dessus et une ravissante fille et ils
machen etwas miteinander.
font quelque chose ensemble

Franziska
Francisca

In einem unscheinbaren Dörfchen am Rhein saß eines Abends, als es
Dans un insignifiant petit village à le Rhin assit un soir lorsque il
schon dunkeln wollte, ein armer junger Mann, ein Weber, noch an
déjà sombre devenait un pauvre jeune homme un tisserand encore à
dem Webstuhl und dachte während der Arbeit unter anderem an den
le métier à tisser et pensait durant le travail entre autre à le
König Hiskias, hernach an Vater und Mutter, deren Lebensfaden
roi Hiskias, puis à père et mère dont fil de vie
auch schon von der Spule abgelaufen war, danach an den seligen
aussi déjà de la bobine défilé était après à le bienheureux
Großvater, dem er einst auch noch auf den Knien gesessen hatte und
grand-père que il jadis aussi encore sur les genoux assis était et
an das Grab gefolgt war, und war so vertieft in seinen Gedanken und
à la tombe suivit était et était si plongé dans sa pensée et
in seine Arbeit, dass er gar nichts davon merkte, wie eine schöne
dans son travail que il pas du tout de là remarquait comment une jolie
Kutsche mit vier stattlichen Schimmeln vor seinem Häuschen anfuhr
calèche avec quatre magnifiques chevaux blancs devant sa petite maison arriva
und anhielt.
et arrêta

Als aber etwas an der Türfalle drückte, und ein holdes, jugendliches
Quand mais quelque chose à la poignée de porte poussa et une tendre jeune
Wesen trat herein von weiblichem Aussehen mit wallenden, schönen
créature entra de féminine apparence avec ondulantes belles
Haarlocken und in einem langen, himmelblauen Gewand, und das
boucles de cheveux et dans un long bleu ciel costume et la

freundliche Wesen fragte ihn mit mildem Ton und Blick: "Kennst du
aimable   créature   demanda lui avec   doux   ton   et   regard   Connais tu
mich, Heinrich?" da war es, als ob er plötzlich aus einem tiefen Schlaf
moi   Heinrich   là était il comme si il subitement de un   profond sommeil
aufwache, und war so erschrocken, dass er nichts reden konnte. Denn
réveilla   et   était si   effrayé   que il   rien   parler pouvait   Car
er meinte, es sei ihm ein Engel erschienen, und es war auch so etwas
il pensait   il serait lui   un   ange   apparut   et il était aussi quelque chose
von der Art, nämlich seine Schwester Franziska, und sie lebte noch!
de   le genre   à savoir   sa   sœur   Francisca   et elle vivait encore

Einst hatten sie manches Körbchen voll Holz barfuß miteinander
Jadis avaient ils   plus d'une   corbeille pleine bois   pieds nus   ensemble
aufgelesen, manches Binsenkörbchen voll Erdbeeren am Sonntag
 ramassé   plus d'une   corbeille tressée   pleine fraises   le dimanche
miteinander gepflückt und in die Stadt getragen und auf dem
 ensemble   cueilli   et dans la ville   porté   et   sur   le
Heimweg ein Stücklein Brot miteinander gegessen, und jeder aß
 chemin   un petit morceau pain ensemble   mangé   et chacun mangea
weniger davon, damit der andere genug bekäme. Als aber nach des
 moins   de là   afin que le   autre   assez recevrait Lorsque mais après de la
Vaters Tod die Armut und das Handwerk die Brüder aus der
 père   mort la pauvreté et   le   artisanat les   frères de le
elterlichen Hütte in die Fremde geführt hatte, blieb Franziska allein
 parentale   refuge dans les pays lointains conduit avait resta 1... Francisca seule
bei der alten, gebrechlichen Mutter zurück und pflegte sie, so dass sie
 chez la vieille   frêle   maman   ...1   et soigna elle   ainsi   elle
ihre Mutter von dem kärglichen Verdienst ernährte, den sie in einer
 sa maman de   le   maigre   produit   alimentait que elle dans une
Spinnfabrik erwarb. Und in den langen, schlaflosen Nächten wachte
 filature   gagna   Et dans les longues   sans sommeil   nuits   veilla
sie mit ihr und las aus einem alten, zerrissenen Buch über Holland,
 elle avec elle et lut de   un   vieux   déchiré   livre sur Hollande
von den schönen Häusern, von den großen Schiffen, von der
 de les belles   maisons   de les grands   bateaux   de la
grausamen Seeschlacht bei Doggersbank, und ertrug das Alter und die
 cruelle   bataille navale près Doggersbank   et   endura le âge et la
Wunderlichkeit der kranken Frau mit kindlicher Geduld.
 bizarrerie   de la   malade femme avec enfantine patience

Einmal aber, früh um zwei Uhr, sagte die Mutter: "Bete mit mir,
 Une fois   mais tôt à deux heures disait la maman   Prie avec moi
meine Tochter! Diese Nacht hat für mich keinen Morgen mehr auf
 ma   fille   Cette nuit   a pour moi   pas de   matin plus sur

dieser Welt." Da betete und schluchzte und küsste das arme Kind die
cette terre   Là   pria   et   sanglota   et embrassa la pauvre enfant la
sterbende Mutter, und die Mutter sagte: "Gott segne dich und " –
mourante maman et la maman disait   Dieu bénit toi et
und nahm die letzte Hälfte ihres Muttersegens "und belohne dich für
et   prit   la dernière moitié sienne bénédiction maternelle et récompense toi pour
all deine Mutterliebe!" – mit sich in die Ewigkeit. Als aber die Mutter
tout ton   amour maternel   avec soi dans la éternité Lorsque mais la maman
begraben und Franziska in das leere Haus zurückgekommen war und
enterrée et Francisca dans la vide maison retourné arrivée était et
betete und weinte und dachte, was jetzt aus ihr werden sollte, sagte
priait et pleurait et pensait quoi maintenant de elle devenir devait disait
etwas in ihrem Inneren zu ihr: "Geh nach Holland!" Und ihr Haupt
quelque chose dans son moi profond à elle Va vers Hollande Et sa tête
und ihr Blick richtete sich langsam und sinnend empor, und die letzte
et son regard orientait soi lentement et sensé en-haut et la dernière
Träne für diesmal blieb ihr in dem blauen Auge stehen.
larme pour cette fois resta 2... lui dans le bleu oeil ...2

Als sie von Dorf zu Stadt und von Stadt zu Dorf betend und bettelnd
Lorsque elle de village en ville et de ville en village priant et mendiant
und Gott vertrauend nach Holland gekommen war und so viel
et Dieu confiant vers Hollande arrivée était et si beaucoup
ersammelt hatte, dass sie sich ein sauberes Kleidchen kaufen konnte,
rassemblé avait que elle soi une propre petite robe acheter pouvait
in Rotterdam, als sie einsam und verlassen durch die wimmelnden
à Rotterdam, lorsque elle seule et abandonnée à travers les fourmillantes
Strassen wandelte, sagte wieder etwas in ihrem Inneren: "Geh
rues déambulait disait de nouveau quelque chose dans son fort intérieur Va
in jenes Haus dort mit den vergoldeten Gittern am Fenster! "Als sie
dans cette maison là avec les dorés barreaux à la fenêtre Lorsque elle
aber durch den Hausgang an der Marmortreppe vorbei in den Hof
mais à travers le couloir à le escalier en marbre passé dans la cour
gekommen war, denn sie hoffte, zuerst jemand anzutreffen, ehe sie an
arrivée était car elle espérait en premier quelqu'un à rencontrer avant que elle à
einer Stubentüre anklopfte, da stand eine betagte, freundliche Frau
une porte de salon toqua là se tenait une âgée aimable femme
von vornehmem Aussehen in dem Hofe und fütterte das Geflügel, die
de distinguée apparence dans la cour et nourrissait la volaille les
Hühner, die Tauben und die Pfauen.
poules les pigeons et les paons
"Was willst du hier, mein Kind?" Franziska fasste sich ein Herz und
Quoi veux tu ici mon enfant Francisca prenait soi un cœur et
Sich ein Herz fassen = prendre son courage à deux mains

42

erzählte der vornehmen, freundlichen Frau ihre ganze Geschichte:
racontait à distinguée aimable femme sa entière histoire

"Ich bin auch ein armes Hühnchen, das Eures Brotes bedarf", sagte
Je suis aussi une pauvre petite poule qui votre pain a besoin disait

Franziska und bat sie um eine Anstellung im Haus. Die Frau gewann
Francisca et pria elle pour un emploi dans la maison La femme gagna

Zutrauen zu der Bescheidenheit und Unschuld und zu dem nassen
confiance à la modestie et innocence et à le mouillé

Auge des Mädchens und sagte: "Sei zufrieden, mein Kind! Gott wird
oeil de la fillette et disait Sois tranquile mon enfant Dieu va

dir den Segen deiner Mutter nicht schuldig bleiben. Ich will dir Dienst
toi la bénédiction de ta maman pas redevable rester Je veux toi emploi

geben und für dich sorgen, wenn du brav bist." Denn die Frau dachte:
donner et pour toi subvenir si tu brave es Car la femme pensait

Wer kann wissen, ob nicht der liebe Gott mich bestimmt hat, den
Qui peut savoir si pas le bon Dieu moi choisit a la

Segen der sterbenden Mutter zu erfüllen. Sie war die Witwe eines
bénédiction de la mourante maman à remplir Elle était la veuve d'un

reichen Rotterdamer Kaufmanns, von Geburt aber eine Engländerin.
riche de Rotterdam commerçant de naissance mais une Anglaise

Also wurde Franziska zuerst Hausmagd, und als sie sich als gut und
Alors devint Francisca en premier bonne et lorsque elle soi comme bonne et

treu erwies wurde sie Stubenmagd, und ihre Gebieterin gewann sie
loyale montrait devenait elle femme de chambre et sa dirigeante gagna elle

lieb, und als sie immer feiner und verständiger wurde, wurde sie
aimé et lorsque elle toujours plus fine et plus raisonnable devenait devenait elle

Kammerdienerin. Aber jetzt ist sie noch nicht alles, was sie wird.
valet de chambre Mais maintenant est elle encore pas tout quoi elle devient

Im Frühling, als die Rosen blühten, kam aus Genua ein Vetter der
Au printemps lorsque les roses fleurissent venait de Gênes un cousin de la

vornehmen Frau, ein junger Engländer, zu ihr auf Besuch nach
distinguée femme un jeune Anglais à elle en visite vers

Rotterdam. Er besuchte sie fast alle Jahre um diese Zeit, und als sie
Rotterdam Il visitait elle presque toutes années à cette période et lorsque elle

über Dies und Jenes redeten und der Vetter erzählte, wie es aussah, als
sur ceci et cela parlaient et le cousin racontait comme il avait l'air lorsque

die Franzosen vor Genua in dem engen Pass in der Bocchetta standen
les Français devant Gêne dans le étroit chenal dans La Bocchetta se trouvaient

und die Österreicher davor, trat heiter und lächelnd, mit allen Reizen
et les Autrichiens devant entra alerte et souriante avec tous attraits

43

der Jugend und Unschuld geschmückt, Franziska in das Zimmer, um etwas aufzuräumen oder zurechtzulegen, und dem jungen Engländer, als er sie erblickte, wurde es sonderbar um das Herz, und die Franzosen und Österreicher verschwanden ihm aus den Sinnen.

"Tante", sagte er, "Ihr habt ein bildschönes Mädchen als Dienerin. Es ist schade, dass sie nicht mehr ist als das." Die Tante sagte: "Sie ist eine arme Waise aus Deutschland. Sie ist nicht nur schön, sondern auch verständig, und nicht nur verständig, sondern auch fromm und tugendhaft und ist mir lieb geworden als wäre sie mein Kind." Der Vetter dachte: Das hört sich gut an. Den nächsten oder dritten Morgen aber, als er mit der Tante in dem Garten spazierte: "Wie gefällt dir dieser Rosenstock?" fragte die Tante; der Vetter sagte: "Sie ist schön, sehr schön." Die Tante sagte: "Vetter, du redest wirr. Wer ist schön? Ich frage ja nach dem Rosenstock." Der Vetter erwiderte: " Die Rose",—"oder vielmehr die Franziska?" fragte die Tante. "Ich hab's schon gemerkt", sagte sie. Der Vetter gestand ihr seine Liebe zu dem Mädchen, und dass er sie heiraten möchte. Die Tante sagte: "Vetter, du bleibst noch drei Wochen bei mir. Wenn es dir dann immer noch so ist, habe ich nichts dagegen. Das Mädchen ist einen braven Mann wert."

Nach drei Wochen sagte er: "Es ist mir nicht mehr so wie vor

drei Wochen. Es ist noch viel heftiger, und ohne das Mädchen weiß
ich nicht, wie ich leben soll." Also geschah es. Aber es gehörte viel
Zureden dazu, die demütige, fromme Magd zu ihrer Einwilligung zu
bewegen. Jetzt blieb sie noch ein Jahr bei ihrer bisherigen Gebieterin,
aber nicht mehr als Kammermädchen, sondern als Freundin und
Verwandte in dem reichen Haus mit vergoldetem Fenstergitter, und
noch in dieser Zeit lernte sie die englische Sprache, die französische,
das Klavierspielen: "Wenn wir in höchsten Nöten sein" usw. "Der
Herr, der aller Enden" usw. "Auf dich, mein lieber Gott, ich traue"
usw. Und was sonst noch ein Kammermädchen nicht zu wissen
braucht, aber eine vornehme Frau, das lernte sie alles.

Nach einem Jahr kam der Bräutigam, noch ein paar Wochen vorher,
und die Trauung geschah in dem Hause der Tante. Als aber von der
Abreise des neuen Ehepaars die Rede war, schaute die junge Frau
ihren Gemahl bittend an, dass sie noch einmal in ihrer armen Heimat
einkehren und das Grab ihrer Mutter besuchen und ihr danken
möchte, und dass sie ihre Geschwister und Freunde noch einmal
sehen möchte. Also kam sie jenen Tage bei ihrem armen Bruder, dem Weber, an,
und als er ihr auf ihre Frage: "Kennst du mich, Heinrich?" keine
Antwort gab, sagte sie: "Ich bin Franziska, deine Schwester." Da ließ

45

er vor Schreck das Webschifflein aus den Händen fallen, und seine
Schwester umarmte ihn. Aber er konnte sich anfänglich nicht recht
freuen, weil sie so vornehm geworden war, und scheute sich vor dem
fremden Herrn, ihrem Gemahl, dass sich in seiner Gegenwart die
Armut und der Reichtum so brüderlich umarmen und zueinander Du
sagen sollen. Bis er sah, dass sie mit dem Gewand der Armut nicht die
Demut ausgezogen hatte. Und nur ihren Stand verändert hatte, nicht
ihr Herz.

Nach einigen Tagen aber, als sie alle ihre Verwandten und Bekannten
besucht hatte, reiste sie mit ihrem Gemahl nach Genua, und beide
leben vermutlich noch dort. Ich will aufrichtig gestehen, was mich
selber an dieser Geschichte am meisten rührt. Am meisten rührt mich,
dass der liebe Gott dabei war, als die sterbende Mutter ihre Tochter
segnete, und dass er eine vornehme Kaufmannsfrau in Rotterdam in
Holland und einen braven Engländer bestellt hat, den Segen einer
armen sterbenden Witwe an ihrem frommen Kinde zu erfüllen.

Mittel gegen Zank und Schläge

Zwei Eheleute, nicht weit von Segringen lebten miteinander in
Liebe, davon abgesehen, dass sie bisweilen einen kleinen Wortwechsel
bekamen, wenn der Mann einen Rausch hatte. Dann gab ein Wort das

andere. Das letzte aber gab gewöhnlich blaue Flecke. Zum Beispiel:
_{autre   Le   dernier mais donna habituellement bleues taches   Par   exemple}

"Frau", sagte der Mann, "die Suppe ist wieder nicht genug gesalzen,
_{Femme   disait   le   homme   la   soupe est de nouveau pas assez salée}

und ich hab' dir's doch schon so oft gesagt." Die Frau sagt: "Mir ist
_{et   je   ai   toi il mais déjà si souvent dit   La femme dit   Moi est}

sie so eben recht." Der Mann bekommt etwas Röte im Gesicht. "Du
_{elle ainsi bonne   Le homme   reçoit   un peu rougeur dans le visage   Toi}

unverständiges Maul, ist das eine Antwort einer Frau gegen ihren
_{malavisée   gueule est ceci une   réponse   d'une femme envers son}

Mann? Soll ich mich nach dir richten?" Die Frau erwidert: "Draußen
_{homme Dois je moi   après toi orienter   La femme rétorque   Dehors}

in der Küche ist das Salzfass. Das nächste Mal koch' dir selber, oder
_{dans la cuisine est le tonneau de sel   La prochaine fois cuisines toi-même   ou}

sieh, wer dir kocht." Der Mann wird flammenrot und wirft der Frau
_{regarde qui toi cuisine   Le homme devient rouge flamboyant et envoie la femme}

die Suppe samt dem Teller vor die Füße. "Da, friss den Fraß selber!"
_{la soupe avec   la assiette devant les pieds   Là mange la mangeaille toi-même}

Jetzt läuft es bei der Frau an, wie wenn man bei der Mühle den
_{Maintenant court 1... il chez la femme ...1 comme lorsque on chez le moulin la}

Wasserzulauf öffnet und das Wasser fließt los und alle Mühlräder
_{arrivée d'eau   ouvre   et   la   eau   coule   et   toutes roues du moulin}

laufen an, und sie überschüttet ihn mit Beleidigungen und
_{démarrent   et   elle   déverse   lui   avec   camouflets   et}

Schimpfnamen, die kein Mann gern hört, am wenigsten von einer
_{injures   que aucun homme avec plaisir entend   le moins   de une}

Frau, am allerwenigsten von seiner eigenen. Der Mann aber sagt: "Ich
_{femme la moindre des choses de sa propre   Le homme mais dit   Je}

seh' schon, ich muss dir den Rücken wieder ein wenig blau
_{vois déjà   je dois toi le dos   à nouveau un peu bleu}

anstreichen mit dem großen Weidenruten-Pinsel."
_{peindre   avec le grand   pinceau en canne de saule}

Solcher Liebkosungen endlich müde, ging die Frau zum Pfarrer und
_{Pareils   cajoleries   enfin fatiguée   alla   la femme chez curé   et}

klagte ihm ihre Not. Der Herr Pfarrer, der ein feiner und kluger junger
_{plaignit lui son péril Le monsieur curé   qui un   fin   et intélligent jeune}

Mann war, merkte bald, dass die Frau durch Widersprechen und
_{homme était remarquait bientôt que la femme au moyen de   répliques   et}

Schimpfen gegen ihren Mann selber schuld an ihren Misshandlungen
_{insultes   contre   son homme soi-même faute à ses   sévices}

war.
_{était}

"Hat Euch mein seliger Vorfahr' nie von dem geweihten Wasser
_{A vous mon béat ascendant jamais de la bénie eau}
gegeben?" sagte er. "Kommt in einer Stunde wieder zu mir!"
_{donné disait il Venez dans une heure à nouveau à moi}
Unterdessen goss er reines, frisches Brunnenwasser in ein Fläschlein,
_{Dans l'intervalle coula il pure fraîche eau de fontaine dans une petite bouteille}
versüßte es mit Zucker und ließ ein Tröpfchen Rosenöl hinein
_{sucra elle avec sucre et laissa une petite goutte huile de rose dedans}
träufeln, dass es einen lieblichen Geruch annahm. "Dieses
_{instiller que il une charmante odeur prit Cette}
Fläschlein", sagte er zu ihr, "müsst Ihr in Zukunft immer bei Euch
_{petite bouteille disait il à elle devez vous à l'avenir toujours auprès vous}
tragen, und wenn Euer Mann wieder aus dem Wirtshaus kommt und
_{porter et quand votre mari à nouveau de la auberge arrive et}
will Euch Vorwürfe machen, so nehmt einen Schluck davon und
_{veut vous reproches faire ainsi prenez une gorgée de là et}
behaltet ihn im Mund, bis er wieder zufrieden ist. Dann wird seine
_{gardez la dans la bouche jusque il à nouveau content est Alors vient sa}
Wunderlichkeit nie mehr in Zorn ausbrechen, und er wird Euch keine
_{singularité plus jamais en colère se déclarer et il vient vous pas}
Schläge mehr geben können." Die Frau befolgte den Rat; das
_{coups plus donner pouvoir La femme suivait le conseil la}
geweihte Wasser bewährte sich, und die Nachbarsleute sagten oft
_{bénie eau fit ses preuves et les voisins disaient souvent}
zu einander: "Unsere Nachbarn sind ganz anders geworden. Man hört
_{les uns aux autres Nos voisins sont tout autrement devenus On entend}
nichts mehr."
_{rien plus}

Mohammed
_{Mohammed}

Dem Mohammed wollten es anfänglich nicht alle glauben, dass er ein
_{A le Mohammed voulaient il au début pas tous croire que il un}
Prophet sei, weil er noch kein Wunder getan hatte wie Elias. Dazu
_{prophète serait car il encore pas miracle fait avait comme Elias A cela}
sagte Mohammed ganz gleichgültig, wie einer, der eine Pfeife Tabak
_{disait Mohammed tout indifférent comme un qui une pipe tabac}
raucht und etwas dazu redet, "das Wunder", sagte er, "macht den
_{fume et quelque chose de plus parle le miracle disait il fait le}
Propheten noch nicht. Wenn ihr's aber verlangt, so werden ich
_{prophète encore pas Si vous il mais demandez ainsi seront moi}
und jener Berg dort in kurzer Zeit beieinander sein." Dabei deutete er
_{et cette montagne là-bas en court temps ensemble être Avec cela montra il}

48

auf einen Berg, der etwa eine Stunde weit entfernt war, und rief ihm
sur une montagne que environ une heure lointain éloignée était et cria elle
mit gebietender Stimme, dass der Berg sich soll von seiner Stätte
avec impérieuse voix que la montagne soi doit de son emplacement
erheben und zu ihm kommen.
élever et à lui venir

Als aber dieser keine Bewegung machen und keine Antwort geben
Lorsque mais celle-ci pas de mouvement faire et pas de réponse donner
wollte – keine Antwort ist auch eine Antwort – so ergriff Mohammed
voulait pas de réponse est aussi une réponse ainsi saisit Mohammed
sanftmütig seinen Stab und ging zum Berg, womit er ein
bienveillant son bâton et alla à la montagne avec quoi il un
denkwürdiges und nachahmungswertes Beispiel gab – auch für
mémorable et à suivre exemple donna aussi pour
solche Leute, die keine Propheten sein wollen. Nämlich, dass man
telles personnes qui pas de prophète être veulent A savoir que on
dasjenige, was man selbst tun kann, nicht von einem wunderbaren
ce quoi on soi-même faire peut pas de un merveilleux
Ereignis oder von Zeit und Glück oder von andern Menschen
événement ou de temps et chance ou de autres personnes
verlangen soll.
demander doit

Z.B. hast du etwas Notwendiges und Wichtiges mit jemandem zu
Par ex. as tu quelque chose nécessaire et important avec quelqu'un à
reden, so warte nicht, bis er zu dir kommt. Viel schneller und
parler ainsi attends pas jusqu'à il à toi vient Beaucoup plus vite et
vernünftiger gehst du zu ihm. Ein hübscher Kirschbaum im Garten
sagement vas tu à lui Un joli cerisier dans le jardin
wäre eine schöne Sache. Das Plätzchen eignet sich dazu. Warte nicht,
serait une belle chose La petite place approprie 1... soi ...1 Attends pas
bis er von selber wächst, sondern setze einen!
jusque il de lui-même pousse mais plante un

Ferner, ein Abwassergraben, ein guter Weg durch das Dorf,
De plus un fossé un bon chemin à travers le village
wenigstens ein trockener Fußweg, ein Geländer am Wasser oder an
au moins un sec sentier un terrain à la eau ou à
einem schmalen Steg, damit die Kinder nicht hineinfallen, kommt viel
un étroit sentier afin que les enfants pas tombent dedans vient beaucoup
eher zustande, wenn man ihn macht, als wenn man ihn nicht macht.
plutôt réalisé si on lui fait comme si on lui pas fait
Man sollte nicht glauben, dass es Leute gibt, denen ein arabischer
On devrait pas croire que [---] personnes existent auxquelles un arabe

Prophet oder ein Kalenderschreiber so etwas erklären muss. Selbst der Kalenderschreiber, der doch einem Propheten nicht viel nachsteht, – es ließe sich noch ein Wort mehr sagen, – verlangt nicht, dass das alte Jahr fortdauern soll, bis der neue Kalender fertig ist, sondern er schreibt den neuen, wenn das alte noch andauert.

Moses Mendelssohn

Moses Mendelssohn war jüdischer Religion und Angestellter bei einem Kaufmann, der offenbar das Schießpulver nicht erfunden hat. Dabei war er aber ein sehr frommer und weiser Mann und wurde daher von den angesehensten Männern hochgeachtet und geliebt. Und das ist recht. Denn man muss wegen des Bartes den Kopf nicht verachten, an dem er wächst.

Dieser Moses Mendelssohn gab unter anderem von der Zufriedenheit mit seinem Schicksal folgenden Beweis. Als eines Tages ein Freund zu ihm kam und er eben an einer schweren Rechnung schwitzte, sagte dieser: "Es ist doch schade, guter Moses, und ist unverantwortlich, dass ein so verständiger Kopf, wie Ihr seid, einem Mann dienen muss, der Euch das Wasser nicht reichen kann. Seid Ihr nicht am kleinen Finger klüger, als er am ganzen Körper?" Einem Anderen hätte das im Kopf gewurmt; er hätte Feder und Tintenfass mit ein paar Flüchen

hinter den Ofen geworfen und seinem Herrn gekündigt, sofort.
derrière le fourneau lancé et son patron démissionné tout de suite

Aber der verständige Mendelssohn ließ das Tintenfass stehen, steckte
Mais le raisonnable Mendelssohn laissa le encrier sur place coinça
die Feder hinter das Ohr, sah seinen Freund ruhig an und sprach zu
la plume derrière la oreille regarda 1... son ami tranquillement ...1 et parla à
ihm: "Das ist recht gut, so wie es ist, und vom Schicksal weise
lui Ceci est bien bon comme il est et de le destin sensé
ausgedacht. Denn so kann mein Herr von meinen Diensten viel
imaginé Car ainsi peut mon patron de mes services beaucoup
Nutzen ziehen und ich habe zu leben. Wäre ich der Herr und er mein
intérêt tirer et moi ai à vivre Serait moi le patron et il mon
Schreiber, ihn könnte ich nicht brauchen."
écrivain lui pourrait je pas avoir besoin

Rettung vor dem Galgen
Sauvetage de la potence

Eines Tages sagte zu sich selbst ein einfältiger Mensch: "Dumm bin
Un jour disait à soi-même une naïve personne Bête suis
ich; wenn ich nun pfiffige Streiche spiele, so wird kein Mensch
je si je maintenant rusés tours joue ainsi va aucune personne
vermuten, dass ich es bin." Also befasste er sich mit Diebstahl. Aber
se douter que je il suis Alors occupait il soi avec vol Mais
schon nach dem ersten Diebstahl wurde er als Täter entdeckt und
déjà après le premier vol était il comme coupable découvert et
festgenommen, weil er die goldene Uhr, die er gestohlen hatte, selber
arrêté car il la dorée montre qui il volée avait soi-même
trug und alle Augenblicke herauszog.
porta et tous instants sortit
Einige Ratsherren meinten, man könnte wegen seiner Einfalt etwas
Certains conseillers municipaux pensaient on pourrait à cause sa niaiserie un peu
milder mit ihm verfahren als mit anderen und ihn für ein Jahr oder so
plus doux avec lui procéder que avec autres et lui pour un an ou ainsi
ins Gefängnis schicken. "So?" sagten die Anderen, "ist es nicht
en prison envoyer Ainsi disaient les autres est il pas
genug, dass so viele schlaue Halunken das saubere Handwerk
assez que si nombreux rusés vauriens le propre artisanat
treiben? Soll man für die dummen auch noch Prämien aussetzen,
exercent Doit on pour les bêtes aussi encore primes offrir
damit alle stehlen?" Sechs gegen fünf sagten: Er muss an den Galgen.
afin que tous volent Six contre cinq disaient Il doit à la potence

Auf der Leiter, als ihm der Henker den Hals visitierte, sagte er zu ihm: "Guter Freund, Ihr habt's ziemlich dick da am Hals. Fast hätt' ich einen längeren Strick nehmen sollen." Denn wirklich war dem armen Schelm das Kinn ziemlich stark mit dem Hals verwachsen, und als der Henker den Strick – ohnehin ungeschickt – angebracht hatte und den armen Sünder von der Leiter hinab stieß, rutschte dieser mit dem Kopf aus der Schlinge heraus und fiel unversehrt herab auf die Erde. Einige Zuschauer lachten, aber der größte Teil erschrak und tat einen lauten Schrei, als ob sie fürchteten, es würde dem Übeltäter, den sie doch wollten sterben sehen, schaden.

Der Henker stand einige Augenblicke wie versteinert da und sagte endlich: "So etwas ist mir in meinem Leben noch nie passiert." Da sagte der Dieb unten auf der Erde kaltblütig und mit gequetschter Stimme: "Mir auch nicht", und alle, die es hörten, vergaßen die Ernsthaftigkeit einer Hinrichtung, und dass ein armes, schuldiges Geschöpf ausgelöscht wird, und mussten lachen. Der Henker selber hielt das Taschentuch vor den Mund und sah auf die Seite. Die milder gestimmten Ratsherren aber ermahnten die strengeren: "Lasst jetzt den armen Teufel laufen! Am Galgen ist er gewesen, und mehr habt ihr nicht verlangt, und Todesangst hat er ausgestanden." Also ließen sie ihn laufen.

Seltene Liebe
Rare amour

Mit dem Leichnam eines jungen Mannes in der Schweiz, der
Avec la dépouille de un jeune homme dans la Suisse qui
erschossen wurde in einem Gefecht nicht weit vom Vierwaldstätter
fusillé était dans une bataille pas loin de le [dénomination]
See, mit dem ging es seltsam zu. Dass er nach dem Gefecht begraben
Lac avec lui alla 1... il étrangement ...1 Que il après la bataille enterré
wurde, an einem gut ausgewählten Platz, das wussten mehr als
était à une bien choisie place ceci savaient plus que
zwanzig Männer aus dem Ort. Die, die es taten und dabei waren und
vingt hommes de la localité Ceux qui il firent et avec étaient et
ein Kreuz, wie man in der Eile eines machen kann, auf sein Grab
une croix comme on dans la vitesse une faire peux sur sa tombe
steckten. Auf dass, wer vorüberginge, auch ein Vaterunser für seine
fixaient Sur quoi qui passerait aussi un Notre Père pour son
Seele beten konnte.
âme prier pouvait

Am Dienstag darauf, als der Kirchenpfleger frühmorgens in die Kirche
A le mardi après lorsque le responsable de l'église tôt le matin dans la église
gehen und das Morgengebet anläuten wollte, lag der Leichnam
aller et la prière du matin sonner voulait se trouvait la dépouille
daheim auf dem Kirchhof, vor der Kirchtüre. Man begrub ihn noch
chez soi sur le cimetière devant la porte de l'église On enterra lui encore
einmal mit allen Gebräuchen und Gebeten der Kirche in die geweihte
une fois avec toutes coutumes et prières de la église dans la bénie
Erde. Als es noch einmal Dienstag wurde, war der Leichnam wieder
terre Lorsque il encore une fois mardi devint était la dépouille de nouveau
aus dem Grab und von dem Kirchhof weg verschwunden. Sonst tut der
de la tombe et devant le cimetière parti disparu Ordinairement fait la
Glaube Wunder. Diesmal aber tat es des Glaubens fromme Schwester,
croyance miracle Cette fois mais fit il de la croyance pieuse sœur
die Liebe. Er war als Freiwilliger mitgezogen, weil ihm die Gemeinde,
le amour Il était comme volontaire joint avec car lui la commune
falls er dabei den Tod fände, das Bürgerrecht angeboten hatte. Denn
si il avec la mort trouverait le droit de cité proposé avait Car
er war nur ein einfacher Maurer, was zwar nicht zur Sache, aber zur
il était seulement un simple maçon quoi certes pas à la affaire mais à la
Wahrheit gehört.
vérité appartient

Seine junge Frau aber ängstigte sich daheim und weinte und betete,
Sa jeune femme mais effrayait soi à la maison et pleurait et priait

und jeder Schuss, den sie hörte, ging ihr schaurig durchs Herz, denn
et chaque coup de feu que elle entendait alla lui macabrement à travers le cœur car
sie fürchtete, er gehe durch das seinige. Einer ging da durch, und als
elle craignait il irait à travers le sien Un alla là à travers et lorsque
die anderen am dritten oder vierten Tag wohlbehalten nach Hause
les autres à le troisième ou quatrième jour sain et sauf vers maison
kamen, brachten sie ihr das blutige Gewand ihres Mannes, sein
venaient apportaient ils lui le ensanglanté costume sien mari son
Gebetsbüchlein und seinen Rosenkranz.
livret de prières et son chapelet

"Dein Mann", sagten sie, "hat jetzt ein anderes Bürgerrecht
Ton mari disaient il a maintenant un autre droit de cité
angetreten. Er liegt im Ried. Ein Kreuz steht auf seinem Grab. Es
débuté Il se trouve dans le Ried Une croix se tient sur sa tombe Il
Das Ried = dénomination = La région inondable avec végétation luxurante
hätte jeden treffen können", sagten sie. Die arme Frau verging fast in
aurait chacun toucher pouvoir disaient ils La pauvre femme passa presque en
Tränen und Wehklagen. "Mein Mann erschossen", sagte sie, "mein
larmes et lamentations Mon mari abattu disait elle mon
Einziges und Alles – und im Ried begraben, in ungeweihter Erde!"
unique et tout et dans le Ried enterré dans non bénie terre

Da raffte sie sich plötzlich auf, und in der Nacht, als alles schlief, ging
Là ressaisit 1... elle soi soudain ...1 et dans la nuit lorsque tout dormait alla
sie allein mit einer Schaufel und mit einem Sack in das Ried hinunter,
elle seule avec une pelle et avec un sac dans le Ried en-bas
suchte das Grab und die geliebte Leiche und trug sie heim auf den
cherchait la tombe et la aimée dépouille et porta elle au foyer sur le
Kirchhof. Solche Herzhaftigkeit und Stärke hatte ihr der Schmerz und
cimetière Telle hardiesse et force avait lui la douleur et
die Liebe gegeben.
le amour donné

Als sie aber danach Tag und Nacht sich fast nie mehr von dem Grabe
Lorsque elle mais après jour et nuit soi presque jamais plus de la tombe
entfernen und nicht essen und trinken wollte, sondern unaufhörlich
éloigner et pas manger et boire voulait mais continuellement
das Grab mit ihren Tränen benetzte und mit dem Verstorbenen redete,
la tombe avec ses larmes arrosait et avec le défunt parlait
als ob er sie hören könnte, da sagte endlich der Vorsteher des Ortes,
comme si il elle entendre pouvait là disait enfin le responsable de la localité
es sei kein anderes Mittel übrig, als man grabe den Toten
il serait aucun autre moyen restant que on déterrait 1... le mort

heimlicherweise noch einmal aus und bringe ihn auf einen anderen
   secrètement   encore une fois ...1   et   apporterait lui   sur   un   autre

Kirchhof, sonst vergehe noch die arme Frau.
   cimetière   sinon s'évanouirait encore   la   pauvre femme

Also brachte man sie mit viel Zureden und Mühe in ihre leere
  Ainsi rapporta 2...   on   elle avec beaucoup sermonner   et   peine   dans son   vide

Wohnung zurück und brachte in der Nacht den Leichnam auf einen
   appartement   ...2   et   apporta dans la   nuit   la   dépouille   sur   un

anderen Kirchhof. Nur wenige Menschen wussten, wohin. Den
   autre   cimetière   Seulement   peu   personnes   savaient   où   Le

frommen Leser rührt diese Geschichte, und er sagt, solcher
   pieux   lecteur touche   cette   histoire   et   il   dit   pareil

beispiellosen ehelichen Liebe und Treue können nur noch
 sans précédent   conjugal   amour   et   fidélité   peuvent seulement encore

Schweizerherzen fähig sein. Irrtum! Beide, die unglückliche Frau und
  cœurs Suisses   capable être   Erreur   Les deux   la   malheureuse   femme   et

ihr verstorbener Gatte waren Fremdlinge, und zwar aus Deutschland.
  son   défunt   mari   étaient   étrangers   et   certes de   Allemagne

Doch kein Schmerz dauert ohne Ende; der heftigste am wenigsten.
  Mais   pas de   douleur   dure   sans   fin   le   plus violent   le moins

Die Frau gewann in der Folge einen zweiten braven Gatten, ebenfalls
  La   femme   gagna dans la   suite   un   second   brave   mari   également

einen Deutschen, und die Gemeinde erteilte diesem das Bürgerrecht,
   un   Allemand   et   la   commune   accorda celui-ci le   droit de cité

das sein Vorgänger mit seinem Leben erkauft hatte. Diese Geschichte
  que   son   prédécesseur avec   sa   vie   acheté   avait   Cette   histoire

hat mir auf dem See zwischen Winkel und Stansstad ein Augenzeuge
  a   moi   sur   le   lac   entre   [dénomination] et [dénomination] un   témoin

erzählt, und von der Ferne den Ort gezeigt, wo sie vorgefallen war.
   raconté   et   de   le   lointain   le endroit montré   où   elle   passé   était

Seltsame Ehescheidung
  Curieux   divorce

Ein junger Schweizer aus Solothurn kam in spanische Dienste, hielt
   Un   jeune   Suisse   de   Solothurn   arriva en   espagnols   services   tena

sich gut und erwarb sich einiges Vermögen. Als es ihm aber zu wohl
  soi   bien et   gagna   soi   certaine   fortune   Lorsque il   lui   mais trop bien

war, dachte er: will ich oder will ich nicht? – Endlich wollte er, nahm
  était   pensait   il   veux je   ou   veux je   pas   Enfin   voulait il   prit

eine hübsche, wohlhabende Spanierin zur Frau und machte damit
une jolie aisée Espagnole comme femme et faisait avec
seinen guten Tagen ein Ende. – Denn in den spanischen
ses bonnes journées une fin Car dans les espagnols
Haushaltungen ist die Frau der Herr, ein guter Freund der Mann, und
ménages est la femme le patron un bon ami le homme et
der Mann ist die Magd.
le homme est le domestique

Als nun der bedauernswerte Schweizer von der Sklaverei müde war,
Alors maintenant le regrettable Suisse de le esclavage fatigué était
fing er an, das fröhliche Leben in der Schweiz und die goldenen
commença 1... il ...1 la joyeuse vie dans la Suisse et les dorées
Berge zu rühmen; er meinte die Schneeberge, und wie
montagnes à vanter il pensait les montagnes enneigées et comment
man lustig nach Einsiedeln wallfahrten könne und schön beten am
on joyeux vers [dénomination] péleriner pouvait et joliment prier à la
Grabe des heiligen Niklas, und was für ein großes Vermögen er
tombe du saint Niklas et quoi [---] une grosse fortune il
daheim besitze. Da wässerte endlich der Spanierin der Mund nach
à la maison possédait Là mouillait enfin la espagnole la bouche vers
dem schönen Land und Gut, und es war ihr recht, ihr Vermögen zu
le joli pays et bien et il était lui convenir sa fortune à
Geld zu machen und mit ihm zu ziehen in seine goldene Heimat.
argent à faire et avec lui à joindre dans son doré pays natal

Also zogen sie miteinander über das große Pyrenäische Gebirge bis an
Ainsi joignèrent ils ensemble par-dessus la grande chaîne des Pyrénées jusque à
den Grenzstein, der Spanien von Frankreich trennt; sie mit dem Geld
la borne qui Espagne de France sépare elle avec le argent
auf einem Esel, er nebenher zu Fuß. Als sie aber an dem Grenzstein
sur un âne il à côté à pied Lorsque ils mais à la borne
vorüber waren, sagte er: "Frau, wenn's dir recht ist, bis hierher haben
au-delà étaient disait il Femme si il toi juste est jusque par ici avons
wir's spanisch miteinander getrieben, von jetzt an treiben wir's
nous il espagnol ensemble exercé à partir de maintenant exerçons nous il
schweizerisch. Bist du von Madrid bis an den Markstein geritten und
suisse As tu de Madrid jusque à la pierre de marquage chevauché et
ich bin dir zu Fuß nachgetrabt den langen Berg hinauf, so reit' ich
moi suis toi à pied trotter après la longue montagne en montant ainsi chevauche je
jetzt von hier weg bis Solothurn, und der Fußgänger bist du."
maintenant de ici loin jusque [dénomination] et le piéton est toi

Als sie darüber sich unwillig stellte und schimpfte und drohte und
Lorsque elle y soi indignée montrait et insultait et menaçait et
nicht von dem Tierlein herunter wollte: "Frau, das verstehst du noch
pas de la bestiole descendre voulait Femme ceci comprends tu encore
nicht", sagte er, "und ich nehme dir's nicht übel", sondern brach an
pas disait il et je prends toi il pas mal mais craqua 1... à
einem Busch einen tüchtigen Stecken ab und las ihr damit ein langes
un buisson un vaillant bâton ...1 et lut 2... elle avec un long
Kapitel aus dem Solothurner Eherecht vor, und als sie
chapitre de le de Solothurn droit du mariage ...2 et lorsque elle
alles wohlverstanden hatte, fragte er sie: "Willst du jetzt mit, du Hexe,
tout bien compris avait demanda il elle Veux tu maintenant avec tu sorcière
und gut tun, oder willst du wieder hin, wo du hergekommen bist?" Da
et bien faire ou veux tu à nouveau là de où tu venue es Là
sagte sie schluchzend: "Wo ich hergekommen bin!" und das war ihm
disait elle sanglotant De où je venue suis et ceci était lui
auch das Liebste.
aussi le plus cher
Also teilte der ehrliche Schweizer das Vermögen mit ihr und sie
Ainsi partagea le honnête Suisse la fortune avec elle et ils
trennten sich voneinander an diesem Grenzstein weiblicher Rechte,
séparaient soi l'un de l'autre à cette borne [de] féminins droits
und jeder zog wieder in seine Heimat. "Deinen Landsmann," sagte
et chacun passa à nouveau dans son pays natal Ton compatriote disait
er, "auf dem du hergeritten bist, kannst du auch wieder mitnehmen."
il sur lequel tu chevauché est peux tu aussi de nouveau emmener
Merke: In Spanien machen's die Weiber zu grob, aber in Solothurn
Remarque En Espagne font il les femmes trop rude mais à Solothurn
auch manchmal die Männer. Ein Mann soll seine Frau nie schlagen,
aussi quelques fois les hommes Un homme doit sa femme jamais frapper
sonst bringt er sich selber Unehre. Denn Ihr seid ein Leib.
sinon apporte il soi-même deshonneur Car vous êtes un corps

www.holder-augsburg-zweisprachig.de